Déléguer au quotidien

Éditions d'Organisation
1, rue Thénard
75240 Paris Cedex 05
www.editions-organisation.com

Des mêmes auteurs

Stéphanie Savel, Jean-Pierre Gauthier, Michel Bussières, *Déléguer, voyage au cœur de la délégation*, Éditions d'Organisation, Paris, 2000.

Stéphanie Savel et Jean-Pierre Gauthier, *La contributivité, une nouvelle façon d'aborder l'efficacité des cadres et des managers,* Village Mondial, Paris, 2001.

Michel Bussières, *Le management multi-dimensionnel*, Nathan, Paris, 1992.

Michel Bussières, Louis Raoul, *Qu'est-ce qu'une entreprise aujourd'hui ?*, Éditions d'Organisation, Paris, 1978 (épuisé).

Michel BUSSIÈRES • Jean-Pierre GAUTHIER • Stéphanie SAVEL

DÉLÉGUER AU QUOTIDIEN

Éditions
d'Organisation

Sommaire

P A R T I E II

LES RÈGLES D'OR DE LA DÉLÉGATION **33**

Avant de commencer. **35**

Chapitre 1

Règle 1 : Déléguer de manière différenciée **39**

© Éditions d'Organisation

Avant-propos

L'objectif de cet ouvrage est de fournir au lecteur des méthodes et des pistes de travail qui lui permettront de progresser dans ses pratiques de la délégation. Nous nous adressons aux membres de l'entreprise qui dirigent au moins une personne, du président-directeur général à l'agent de maîtrise et au chef d'équipe, en passant par le responsable d'un groupe de projet et le cadre intermédiaire.

Pour de multiples raisons, la délégation se révèle de plus en plus vitale pour le fonctionnement des entreprises. Rappelons notamment la complexité croissante des organisations humaines, qui exige que celui qui dirige une équipe, quelle qu'en soit la taille, ne se laisse pas accaparer et dévorer par les contingences quotidiennes. Citons également les décalages fréquents entre l'agenda du manager et ceux de ses collaborateurs, notamment en France avec l'ARTT.

Nous ne vous le cachons pas, déléguer n'est pas facile. Cela ne se réduit pas à un simple choix binaire entre une centralisation absolue et une large décentralisation. Entre ces deux extrêmes, il existe des degrés. La délégation demande de la mesure, du discernement ; elle doit être différenciée en fonction des personnes, des activités, des circonstances et des risques encourus. Nos activités de conseil, durant lesquelles nous avons pu observer et interroger de nombreux managers, à des niveaux hiérarchiques très différents et dans des entreprises extrêmement diversifiées, tant du point de vue de la taille que des activités [1], nous ont conduits à mesurer l'importance majeure que revêt cette différenciation. Déléguer de manière différenciée : telle est la première règle d'or.

---

1. Dans notre ouvrage *Déléguer, voyage au cœur de la délégation*, paru en juin 2000 aux Éditions d'Organisation, nous avons relaté les conclusions d'une vaste étude que nous avons réalisée sur ce thème.

Vouloir progresser dans ses pratiques managériales en partant des méthodes de délégation revient à s'interroger plus largement sur le métier de manager et sur ses multiples facettes. Aussi, tout au long de ces pages, avons-nous été amenés à souligner les relations quasi organiques entre la délégation et les méthodes du management stratégique, ainsi que celles du management participatif, de nature à la fois directive et interactive. C'est également pourquoi nous faisons le lien avec la définition des objectifs et le contrôle des résultats, la maîtrise du temps, les méthodes de communication et la motivation individuelle et collective des salariés.

L'accent porté sur le rôle de *délégateur* — celui qui donne délégation à des subordonnés — ne doit pas conduire à perdre de vue la position commune à tous les membres de l'encadrement : celle de *délégataire*. Est délégataire toute personne qui reçoit délégation d'un supérieur hiérarchique. Sauf cas exceptionnel, tous les membres d'une entreprise sont des délégataires, y compris le PDG d'une société anonyme, vis-à-vis d'instances supérieures auxquelles il rend périodiquement compte [2]. Le rôle de délégataire concerne donc beaucoup plus de monde que celui de délégateur. Il est fondamental. Dans une très large mesure, la délégation dépend des délégataires : elle ne peut se déployer pleinement que lorsqu'elle vient d'eux, quand ce sont eux qui l'appellent, allant même jusqu'à la devancer. Elle ne fonctionnerait pas si le manager se comportait en simple courroie de transmission d'ordres d'exécution venus d'en haut. Il est indispensable qu'il agisse lui-même en délégataire interactif avec son propre supérieur hiérarchique, et qu'il crée les meilleures conditions possibles pour que ses subordonnés appellent la délégation et prennent des initiatives.

Après avoir décrit le champ interactif de référence — environnement structurel et organisationnel, personnalité et attitudes du manager, personnalités et attitudes des délégataires —, nous vous présenterons les sept règles d'or de la délégation et leurs modalités d'application. Pour chacune d'elles, vous aurez la possibilité de vous auto-évaluer et de dégager des objectifs de progrès personnalisés, adaptés à la taille et aux caractéristiques du secteur dont vous avez la responsabilité. Par « secteur » nous entendons l'ensemble du domaine

---

2. Il existe quelques cas exceptionnels où un dirigeant n'a de comptes à rendre à personne : par exemple un actionnaire majoritaire d'une société, qui en assure lui-même la direction.

à la tête duquel vous êtes : ce peut être la totalité de l'entreprise si vous occupez la fonction de directeur général, ou bien une usine, un laboratoire, une unité commerciale, un service comptable, une agence bancaire, ou encore une équipe d'ouvriers ou d'employés si vous êtes agent de maîtrise.

En conclusion, nous vous indiquerons quelques pistes pour aller plus loin dans vos progrès. Nous nous proposerons entre autres une démarche qui permet de confronter l'idée que le manager se fait de ses comportements avec ce qu'en perçoit son entourage immédiat : supérieur hiérarchique, collègues et collaborateurs directs.

Vous trouverez à la fin de cet ouvrage une liste de définitions qui facilitera la compréhension et le sens que nous donnons à certains termes. N'hésitez pas à vous y reporter.

Bonne lecture, bon travail et bonne progression.

PARTIE I

DES REPÈRES POUR VOUS SITUER DANS LE CHAMP DE LA DÉLÉGATION

OBJECTIF

Après avoir situé les caractéristiques générales du management délégatif et repéré les bénéfices que vous pouvez en attendre, *vous serez capable d'observer et de caractériser votre espace spécifique de la délégation.* Vous pourrez ainsi adapter vos méthodes de délégateur à votre environnement structurel et organisationnel, à votre personnalité et à celles de vos délégataires.

Déléguer : quoi et jusqu'où ?

Déléguer, c'est attribuer à un subordonné une aire d'autonomie pour l'accomplissement d'activités orientées vers un but (voir schéma 1).

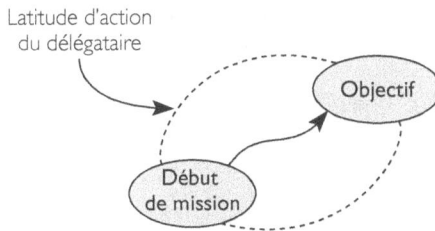

Schéma I • L'aire d'autonomie du délégataire

Par but, on entend soit le résultat attendu de missions permanentes (généralement décrites dans des définitions de fonctions et assorties d'objectifs pour une période déterminée), soit celui d'une action unique, d'une mission exceptionnelle, de la totalité d'un projet ou d'une de ses composantes.

La délégation n'a rien à voir avec le déversement d'un trop-plein d'activité sur des subordonnés, ni avec la tendance à se débarrasser sur autrui de tâches ingrates. Ce n'est pas non plus une attitude de détachement par rapport aux activités encadrées, ou de démission et d'abandon de ses collaborateurs sous prétexte d'une confiance totale. La délégation résulte d'un choix délibéré et constitue un acte majeur de management. Elle n'a de valeur que par rapport à

ses buts, par exemple la volonté de donner des responsabilités à ses collaborateurs pour favoriser leur développement professionnel : un manager qui a
affaire à un collaborateur peu expérimenté ou encore « un peu juste » sur telle
ou telle tâche l'incite à se jeter à l'eau afin de le faire progresser. Aucune
comparaison possible avec une mise à l'épreuve qui serait un piège pour faire
apparaître au grand jour les limites d'un subordonné : cela s'observe parfois,
mais ce n'est pas de la délégation.

En conférant à votre collaborateur une latitude d'action pour atteindre un but,
vous l'investissez du même coup de l'autorité nécessaire pour agir en vos
nom et place. Il a le droit et le devoir de prendre des décisions opération-
nelles, sans en référer à vous pour le moindre détail, et de réaliser personnellement ou de faire effectuer les actions qu'il jugera le plus judicieuses pour
obtenir le résultat visé.

―――――――――――――――― **Définitions** ――――――――――――――――

Délégataire : celui qui reçoit la délégation.

Délégateur : celui qui donne la délégation.

Le fait de rendre responsable un subordonné ne décharge pas pour autant le
manager de sa responsabilité. De la délégation résulte une double responsabilité : celle endossée par le subordonné qui reçoit la délégation, et celle du
manager délégateur, qui continue de répondre devant son propre supérieur
hiérarchique de la globalité des opérations de son secteur, qu'il les effectue
lui-même ou qu'il les délègue.

Dans le cadre défini pour sa mission, le délégataire dispose d'une pleine autonomie, car, normalement, le manager qui lui a donné délégation n'a pas à
intervenir dans le cours des événements. Il appartient au délégataire d'utiliser
au mieux la latitude de décision et d'action qui lui est conférée pour aller dans
le sens voulu. Chemin faisant, à lui de mettre en œuvre les solutions de son
choix pour résoudre les difficultés qu'il rencontre, de tirer profit des opportunités, de prendre les initiatives qu'il juge nécessaires, de mettre en application
les idées qui lui viennent dans le feu de l'action ou qui lui sont suggérées par
ses collaborateurs.

Tout cela constitue une dynamique complexe, qui risquerait de tourner à l'anarchie si elle n'était pas orientée par la direction précisée au départ : la démarche du délégataire est éclairée par le phare du but à atteindre.

L'éclairage par le but n'est cependant pas suffisant : encore faut-il préciser l'étendue de l'autonomie qui est conférée :

- La délégation se limite-t-elle au seul choix des méthodes de travail ?

- Le délégataire a-t-il également le choix des moyens à mettre en œuvre ?

- Lui revient-il de choisir les partenaires à faire intervenir sur les actions ?

- A-t-il la latitude de décliner en objectifs partiels l'objectif global qui lui est assigné ?

- Dispose-t-il d'une marge de manœuvre pour répartir une enveloppe budgétaire globale entre différents postes budgétaires ? Ou bien est-il tenu de respecter des budgets partiels prédéterminés ?

- Devra-t-il rendre compte des résultats seulement en fin de mission, ou bien lors de points intermédiaires ?

- Si le principe des points intermédiaires est adopté — c'est pratiquement la règle pour des missions d'envergure et de longue durée —, aura-t-il l'initiative de rendre compte à son délégateur aux moments qui lui paraîtront opportuns ? ou bien selon un planning et un calendrier prédéfinis ?

Nous distinguons quatre niveaux principaux de délégation :

Niveau 1	Choix de la méthode de travail
Niveau 2	Choix des moyens, dans une enveloppe budgétaire déterminée
Niveau 3	Détermination interactive (entre délégateur et délégataire) de l'enveloppe budgétaire et des moyens, par rapport à des objectifs donnés
Niveau 4	Détermination interactive (entre délégateur et délégataire) des objectifs du délégataire par rapport à des buts de niveau supérieur

À partir du moment où l'on sort du niveau 0 (le *one best way* taylorien, sans aucune initiative), on constate un élargissement considérable du champ d'autonomie : la délégation de niveau 4 est d'une tout autre amplitude et même d'une tout autre nature que celle de niveau 1 (voir schéma 2).

Définition

One best way : doctrine selon laquelle il n'existerait qu'une seule bonne méthode possible pour réaliser un travail donné.

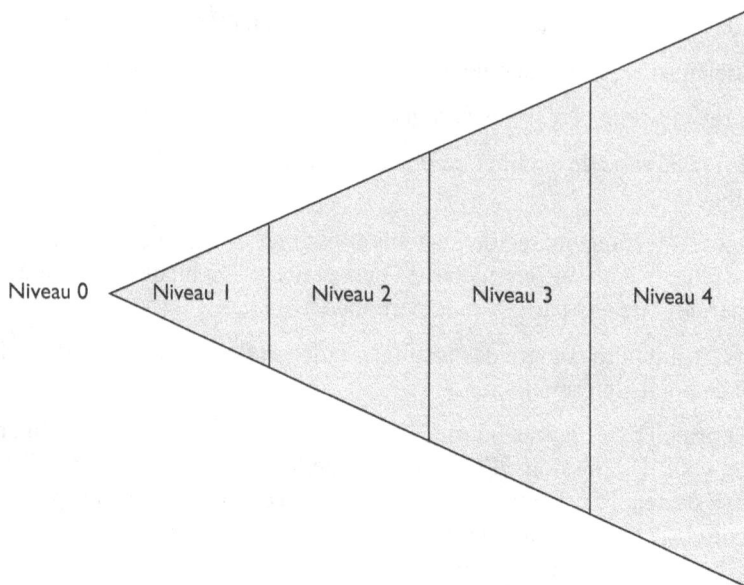

Niveau 0   Niveau I   Niveau 2   Niveau 3   Niveau 4

Schéma 2 • L'élargissement du champ de la délégation

D'où la nécessité d'établir une sorte de « pacte de la délégation » entre le manager et son délégataire, avec des différenciations dans la marge de manœuvre attribuée compte tenu de la nature de chacune des missions.

Soulignons qu'il n'est cependant pas question de confondre l'autonomie du délégataire avec l'indépendance d'un fournisseur ou d'un sous-traitant : la délégation se joue dans le cadre d'une subordination hiérarchique. Elle repose sur une organisation structurelle, un système d'information et des procédures qui permettent au manager de conserver pleinement la maîtrise des activités dont il est responsable. Cette organisation, ce système d'information et ces procédures lui sont également indispensables pour coordonner ce qu'il délègue à plusieurs de ses collaborateurs, car c'est à lui qu'il revient de contrôler l'ensemble : encore une fois, faire le choix de manager en s'appuyant sur la délégation n'a rien à voir avec une quelconque abdication.

Par analogie avec l'informatique, nous pourrions dire que la pratique de la délégation comporte, à côté d'éléments de type « hardware », des éléments qui s'apparentent au « software ». Dans la première catégorie se rangent les dispositifs structurels et méthodologiques qui viennent d'être rapidement passés en revue. À la seconde se rattache tout ce qui tient à *l'état d'esprit* nécessaire à l'exercice de la délégation. Il s'agit d'une dimension évidemment plus délicate à cerner. Déléguer à un subordonné, c'est lui faire confiance par référence aux compétences qu'il a déjà eu l'occasion de mettre en pratique : plus ambitieux et encore plus porteur de progrès, ce peut être aussi faire un pari sur ses capacités potentielles. Dans tous les cas, cela revient à prendre des risques mesurés.

Chapitre 2

Le jeu en vaut bien la chandelle !

La délégation constitue un acte somme toute assez complexe, dans lequel se conjuguent rigueur et souplesse ou, si l'on préfère, esprit de géométrie et esprit de finesse. Notre intention n'est nullement de masquer les difficultés que l'on rencontre en la mettant en pratique : nous ne manquerons pas de les souligner tout au long de ce livre et nous vous proposerons des solutions pour y faire face. Auparavant, afin de stimuler votre réflexion et de vous encourager à passer à l'action, notre intention est de vous montrer que le jeu en vaut largement la chandelle et qu'effectivement la délégation engendre des bénéfices importants pour l'entreprise, pour le manager délégateur et pour ses délégataires.

Des bénéfices pour l'entreprise

L'entreprise ne peut fonctionner comme une mécanique hypercentralisée, où il faudrait sans cesse remonter aux niveaux hiérarchiques supérieurs pour prendre la moindre décision. Elle n'a de chance de se situer avantageusement face à ses concurrents et de se développer « que si chacun des organes qui la constituent est capable d'autonomie pour répondre efficacement, économiquement et rapidement aux besoins de ses clients, en respectant des critères de qualité de plus en plus exigeants [1]. » En conséquence, il est nécessaire que la relation hiérarchique devienne moins contraignante : l'évolution écono-

---

1. Stéphanie Savel, Jean-Pierre Gauthier, Michel Bussières, *Déléguer, voyage au cœur de la délégation*, Éditions d'Organisation, Paris, juin 2000.

mique, caractérisée par une complexification constante, pousse les dirigeants et les cadres à donner des marges d'initiative aux personnes les plus proches des événements du quotidien. C'est par exemple au plus près du terrain que peuvent être prises des décisions pertinentes pour réaliser des économies sur les frais d'exploitation. Il est donné à nombre d'entreprises de s'en rendre compte quand elles font appel aux idées de leurs salariés dans des « cercles de qualité » ou autres « groupes de résolution de problèmes ». Mais il ne suffit pas d'inciter épisodiquement ses collaborateurs à se montrer créatifs ; pourquoi ne pas se montrer attentif à la créativité et aux initiatives dont ils font preuve au quotidien. Prendre le parti de déléguer engendre tout naturellement des améliorations importantes de la productivité et de la *contributivité* [2] de l'ensemble des acteurs de l'entreprise, qu'ils soient en position de délégateurs ou de délégataires, améliorations qui se concrétisent dans les résultats économiques.

Définition

Ce qui compte de plus en plus pour un nombre croissant de travailleurs, ce n'est pas tant la quantité de travail fournie que la pertinence des choix faits pour apporter une contribution aux buts que poursuit l'entreprise. Deux choix priment : celui du quoi et celui du comment. Choisir le quoi, c'est choisir la tâche la plus contributive par rapport à la stratégie de l'entreprise. Choisir le comment, c'est choisir la meilleure façon d'exécuter cette tâche. Nous appelons **contributivité** l'efficacité des choix du quoi et du comment.

Le besoin de réactivité justifie également la nécessité de conférer de l'autonomie aux salariés de tous les niveaux hiérarchiques. Avoir la possibilité d'établir directement des relations entre personnes impliquées dans une activité donnée, sans être obligé d'en référer aux échelons supérieurs, permet d'accroître la rapidité des réponses aux problèmes qui se posent. Sinon, gare aux « piles d'attente » qui s'accumulent sur des bureaux successifs, retardent les décisions, bloquent les situations, découragent les personnes impliquées et, finalement, mécontentent les clients (externes ou internes à l'entreprise) ou les usagers ! De plus, le fait de donner des marges de manœuvre à ceux

---

2. Stéphanie Savel, Jean-Pierre Gauthier, *La contributivité, une nouvelle façon d'aborder l'efficacité des cadres et des managers*, Éditions Village Mondial, Paris, 2001.

qui, sur le terrain, ont une connaissance directe des clients favorise l'adaptation des réponses aux demandes spécifiques, notamment en matière de services : ne perdons pas de vue que l'adaptation au besoin précis du client constitue le point de départ de la qualité.

Dans une petite entreprise, à la gestion naturellement centrée dans les premiers temps sur son dirigeant, la pratique progressive de la délégation se révèle vitale pour préparer l'avenir. Quand le créateur partira, que vaudra son entreprise si, depuis plusieurs années, il n'a pas délégué des responsabilités à ses collaborateurs immédiats ? Probablement pas grand-chose et hélas ! l'expérience montre que cela se traduit souvent par un dépôt de bilan.

Dans tous les cas de figure, la pratique de la délégation permet d'accroître le nombre de collaborateurs directs affectés à un même manager. En conséquence, le nombre d'échelons hiérarchiques peut être réduit : cela contribue à l'allègement des structures et facilite grandement la circulation des informations et la rapidité des prises de décision.

Des bénéfices pour le manager délégateur

Le manager a besoin de déléguer pour ne pas se laisser submerger par les détails des tâches quotidiennes. La délégation conditionne l'attitude de prise de recul qui, à des degrés divers, caractérise les fonctions d'encadrement, depuis les postes de dirigeant jusqu'à ceux de chef d'équipe. Elle se traduit par une efficacité accrue du responsable, lui permettant de jouer pleinement le rôle qui est attendu de lui. En se concentrant sur les activités où il apporte le plus de valeur ajoutée à l'entreprise, il accroît sa contributivité personnelle.

Par la pratique de la délégation, le manager a la possibilité de se comporter en chef d'orchestre — et non en homme-orchestre — pour organiser, coordonner et contrôler les activités de ses collaborateurs. Il lui faut abandonner cette sorte d'illusion de puissance que ressentent certains hiérarchiques omnipotents et omniprésents qui, se croyant omniscients et indispensables en tous lieux et à tout moment, ne délèguent rien et réduisent le rôle de leurs subordonnés à celui de simples exécutants. Parvenir au stade managérial, à quelque niveau que ce soit, c'est être convaincu que le véritable pouvoir appartient non pas à celui qui agit par lui-même, mais à celui qui détient les vannes libératrices des puissances de ses délégataires.

Alors, il devient possible au manager de se ménager des plages de temps pour réfléchir à l'avenir de son secteur et anticiper les nécessaires adaptations. Il consacre le plus possible de son temps à des activités à effet de levier, génératrices de retours sur investissement, par exemple sur le plan de l'organisation ou de la formation de ses collaborateurs. Le temps économisé pourra à nouveau être investi dans de nouvelles activités à effet de levier, et ainsi de suite. C'est de cette façon que l'on entre dans le cercle vertueux du temps et du management.

En se concentrant sur les tâches les plus nobles attachées à sa fonction, le manager délégateur se donne la possibilité de progresser professionnellement. Il approfondit ses connaissances (techniques, commerciales, budgétaires, financières, etc.), élargit son horizon, ouvre le cercle de ses relations latérales tant à l'intérieur de l'entreprise qu'avec des partenaires externes, par exemple en étant volontaire pour des réunions qu'il juge intéressantes, ou des groupes de projet. Autant de possibilités interdites à qui travaille le nez dans le guidon ! Autre manière de préparer son avenir professionnel par la délégation : se choisir un adjoint en qui il voit un successeur possible et qu'il forme dans ce dessein en lui confiant progressivement des responsabilités. Le jour où une opportunité se présentera, il lui sera plus facile de postuler, en avançant l'argument que la transition est préparée de longue date et pourra donc se réaliser rapidement et sans heurts.

Une délégation réussie comporte également des avantages non négligeables sur le plan personnel, en particulier parce qu'une meilleure maîtrise du temps professionnel se traduit par un empiétement moins important sur la vie privée : celui qui délègue n'a que rarement besoin d'emporter du travail chez lui et risque moins de déborder de ses horaires. Il est davantage disponible pour s'occuper de ses proches et de lui-même. De surcroît, à condition qu'il puisse avoir confiance en son délégataire, le manager délégateur économise non seulement sur son temps d'occupation puisqu'il n'intervient pas directement dans l'action, mais également sur son temps de préoccupation, car c'est au délégataire que reviennent les soucis engendrés par ce qu'il prend en charge : que d'énergie économisée ! Et les retombées heureuses se font sentir durant les heures d'activité professionnelle *et* sur le plan de la vie personnelle.

Des bénéfices pour le délégataire

Recevoir une délégation dans des limites données, c'est être considéré comme un adulte, avec la liberté de décider, de prendre des initiatives, d'agir. En contrepartie, c'est avoir à prendre des risques et à assumer des responsabilités. Cela revient à être reconnu dans sa dignité humaine, contrairement à beaucoup trop de situations professionnelles où, enfermé dans le *one best way* taylorien, le travailleur n'est pas traité comme une personne capable d'autonomie.

Encore faut-il que le délégataire accepte de prendre des responsabilités et de les faire siennes : de tous temps, le plus difficile pour l'homme a été d'assumer le fardeau de sa liberté, bien qu'il la réclame à cor et à cri. Étrange paradoxe ! Il n'est pas rare de constater cette tendance au « tout ou rien » : ou bien la résignation à l'assujettissement, ou bien une aspiration romantique à une liberté utopique, totalement illimitée. Rien à voir avec les comportements de l'adulte autonome, cet être qui intègre la liberté et le devoir d'agir en assumant des responsabilités dans une aire d'autonomie orientée vers un but. Tous les salariés n'aspirent pas de la même manière à endosser des responsabilités, à prendre des risques, à progresser, à s'épanouir sur le plan professionnel. Voilà un point sur lequel nous reviendrons à plusieurs reprises dans notre développement, car il convient d'être réaliste : pour une part importante, la possibilité de déléguer est commandée par le délégataire.

À ceux, capables d'assumer leur liberté, qui désirent se voir confier des responsabilités, la délégation procure un sentiment de satisfaction : étant reconnus dans leur dignité humaine, ils se sentent valorisés. La délégation est alors source de motivation et elle leur permet de progresser grâce à l'exercice même des activités prises en charge. C'est par exemple le cas des opérateurs de production à qui il revient de communiquer quotidiennement avec leurs partenaires directs des postes de travail en amont et en aval, ceux du service maintenance, de l'approvisionnement des matières et des constituants, etc. Par ces pratiques, ils sont conduits à élargir leur horizon temporel et leur vision spatiale, à enrichir le contenu de leurs activités, à expérimenter de nouvelles méthodes d'organisation, à prendre des décisions en pesant et en intégrant chacun des facteurs à considérer.

© Éditions d'Organisation

La délégation favorise donc l'apprentissage continu du salarié, et il n'est pas rare que sa mise en pratique révèle des capacités potentielles que ne soupçonnaient auparavant ni le manager, ni même, dans bien des cas, le délégataire. Ainsi, en améliorant son employabilité, le délégataire prépare son avenir professionnel.

En résumé : Les bénéfices de la délégation

Pour l'entreprise	Favoriser les adaptations à l'environnement concurrentiel
	Diminuer les temps de réponse par des décisions rapides
	Contribuer à améliorer les performances économiques
	Contribuer à améliorer la qualité des produits et des services
	Préparer l'avenir, notamment pour les PME
	Contribuer à l'allègement des structures en favorisant la diminution du nombre d'échelons hiérarchiques
Pour le manager	Se dégager du quotidien et préparer l'avenir de son secteur
	Se concentrer sur ses activités essentielles
	Investir du temps sur des activités à effet de levier, génératrices de progrès organisationnels et de productivité
	Améliorer sa contributivité personnelle et celle de son secteur
	Progresser sur le plan professionnel
	Préparer la suite de sa carrière
	Diminuer son stress
	Limiter les empiétements du travail sur sa vie privée
Pour le délégataire	Se sentir reconnu en tant qu'adulte responsable
	Progresser sur le plan professionnel
	Élargir son champ de compétences
	Révéler des capacités potentielles
	Préparer son avenir professionnel par l'amélioration de son employabilité

Et vous-même, où en êtes-vous ?

Avant de poursuivre, nous vous invitons à établir la liste des principaux bénéfices que vous tirez actuellement de la délégation et de la compléter par celle des bénéfices supplémentaires que vous pourriez en tirer après avoir amélioré vos pratiques managériales.

	Bénéfices actuels	Bénéfices nouveaux
Pour l'entreprise		
Pour vous-même		
Pour vos délégataires		

Chapitre 3

Identifier les éléments
du champ de la délégation

Les pratiques de la délégation se situent dans un champ interactif où se distinguent trois pôles :

• les facteurs de l'environnement structurel et organisationnel,
• la personnalité et les attitudes du manager,
• la personnalité et les attitudes du délégataire.

Dans une situation donnée, compte tenu des circonstances et par rapport au délégataire concerné, le manager ajuste son mode de délégation en fonction de son propre tempérament. Ici et maintenant, le style qu'il met réellement en pratique, est assimilable à une résultante de cet ensemble de facteurs (voir schéma 3).

Pour chacun des trois pôles du champ de la délégation, nous donnerons, sous forme d'exemples, une liste des facteurs qui influencent le plus fréquemment le style de la délégation. Une fois que vous en aurez pris connaissance, il vous sera proposé de faire l'analyse de votre propre situation.

Soulignons que la prise de conscience de ces facteurs d'influence ne doit pas conduire le manager à se considérer comme prisonnier d'un déterminisme implacable. L'identification des composantes du champ de forces et d'influences dans lequel il est immergé, la prise en considération de ses penchants personnels et des caractéristiques humaines de ses délégataires ont précisément pour but de l'inciter à agir en ayant présent à l'esprit cet ensemble de facteurs, mais sans se laisser dominer par eux. Il lui faut au contraire chercher à les compenser : réalisme n'est pas fatalisme.

Facteurs de l'environnement
structurel et organisationnel

- Facteurs de base
- Dynamique de l'entreprise
- Valeurs et orientations
- Style général de management
- Organisation formelle
- Complexité

Personnalité et choix
fondamentaux du manager

- Attitudes personnelles
- Modèles et schémas intellectuels
- Capacité à l'interaction
- Capacité à diriger
- Conception personnelle
  du management

Le style de la délégation

UNE RÉSULTANTE

- Organiser et préparer la délégation
- Différencier les pratiques
- Maîtriser les résultats
- Exploiter les résultats pour progresser

Personnalité et attitudes du ou des délégataires

- Attitudes personnelles fondamentales et schémas intellectuels
- Capacité à l'interaction et à l'autonomie
- Compétences sur les tâches et leurs interfaces
- Attitudes face à la délégation

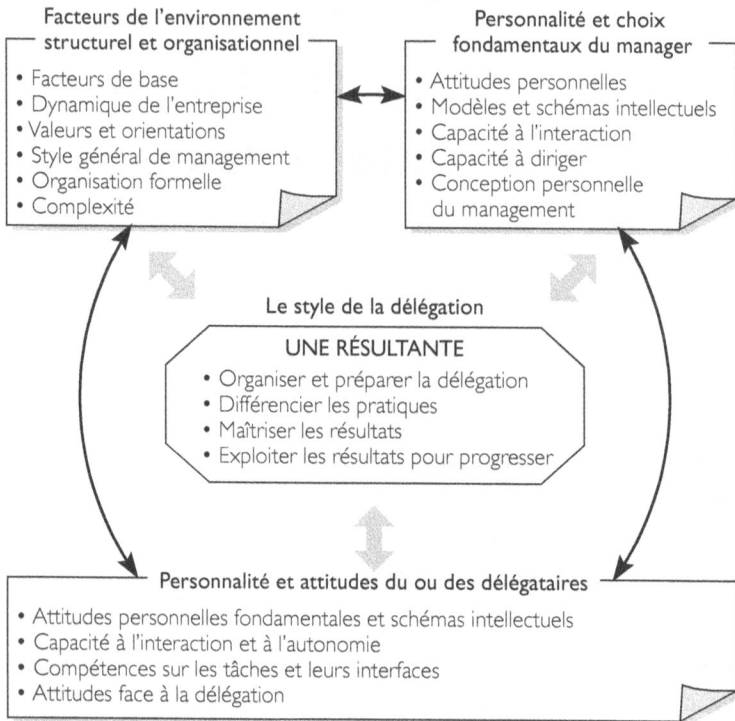

Schéma 3 • Le champ interactif de la délégation

L'environnement structurel et organisationnel

Afin d'adapter son style de délégation, il est nécessaire que le manager prenne en considération les caractéristiques de l'environnement structurel et organisationnel dans lequel il est immergé. De toute manière, il en reçoit des influences, que cela soit flagrant ou, comme il arrive parfois, que cela s'exerce de manière feutrée, voire insidieuse. Aussi est-il préférable, pour agir avec la plus grande lucidité possible, d'avoir présents à l'esprit les éléments dominants de son environnement spécifique, d'où les repères que nous vous proposons d'identifier par rapport à votre propre situation.

Facteurs de base

Par nature, certains métiers ne favorisent pas la délégation. Par exemple, le chirurgien opère *et* dirige son service, le rédacteur en chef signe *son* journal télévisé.

À l'inverse, la direction d'un atelier d'ouvriers professionnels, par définition autonomes, appelle une large délégation. Il en est de même dans cette agence d'architecture dont le directeur conçoit ainsi le mode de délégation : « Quand un architecte conçoit un bâtiment, c'est lui qui conçoit et ce n'est pas moi. »

La proximité géographique se traduit fréquemment par la tendance du manager à être sans cesse « sur le dos » de ses collaborateurs ; à l'inverse, il risque de ne contrôler que de loin en loin ceux qui se situent dans un autre établissement, les « abandonnant » plus ou moins.

Les décalages entre les plages de temps actives du manager et celles de ses délégataires produisent des phénomènes analogues. La délégation s'opère d'elle-même dans le cas du travail de nuit ou durant le week-end, où, le plus souvent, l'encadrement est réduit au strict minimum.

Dynamique de l'entreprise

L'âge de l'entreprise a son importance : au stade du lancement d'une PME, son créateur ne délègue pratiquement pas et il a raison. Ce n'est que progressivement, au fur et à mesure de la formalisation de ses idées, qu'il lui sera à la fois possible et indispensable de le faire. Dans une certaine mesure, il en est de même pour le manager chargé de lancer un nouveau département ou une petite unité dans une entreprise moyenne ou grande : au départ, le secteur qu'il crée s'apparente davantage à une PME naissante qu'à une entreprise structurée.

Les impacts de la conjoncture se font fréquemment sentir sur les latitudes données aux délégataires. Le cas idéal pour développer un management fondé sur la délégation est celui où se conjuguent une forte croissance et de bons résultats financiers. En revanche, on observe fréquemment une nette réduction des aires d'autonomie dès que l'entreprise entre en zone de turbulences : récession, mauvais résultats, restructurations, diminutions d'effectifs, etc.

Valeurs et stratégie

L'une des conditions de la délégation est la compréhension et le partage des valeurs et des orientations majeures de l'entreprise. Les seuls repères formels étant insuffisants, il faut que le sens et l'esprit des actions soient saisis par ceux qui agissent dans le quotidien.

La direction générale peut-elle diffuser tout ce qui peut informer sur l'avenir ? Cela dépend de la situation de l'entreprise et de ses perspectives. Il est évident que des visées optimistes permettent une large information et, par voie de conséquence, le partage d'un projet motivant qui oriente et éclaire le détail des actions.

La situation inverse se traduit par une rétention d'information, défavorable à la délégation : on est alors plus proche du registre « Ne cherchez pas à comprendre pourquoi ! Faites ce que je vous dis ! » que de la définition d'un objectif mis en rapport avec les buts de niveau supérieur connus du délégataire.

Style général de management

Dans chacune des unités d'une entreprise donnée, et souvent jusqu'aux équipes de base, chacun ressent le style de management du « patron ». Il n'est pas facile pour un cadre moyen de développer une large délégation s'il est lui-même sous la coupe d'un supérieur hiérarchique autoritaire ou anxieux (ou les deux !) qui lui laisse peu d'autonomie.

Lorsqu'un manager prend la direction d'un secteur, il n'est pas rare qu'il sente la marque du manager précédent. Par exemple, si ce dernier se distinguait par une maîtrise approximative des actions déléguées, il va falloir faire preuve d'un peu de patience et de beaucoup de persévérance pour faire accepter l'idée d'un contrôle régulier et allant de soi.

Organisation formelle

L'entreprise n'appartient pas à l'ordre des invertébrés : c'est la rigueur de son organisation qui permet la souplesse de son fonctionnement. La délégation est facilitée par la formalisation d'éléments tels que : organigramme de structure, définitions de fonctions, délégations et subdélégations écrites, définitions d'objectifs périodiques (annuels, mensuels, etc.), budgets, plannings, tableaux de bord, etc.

À défaut de ces moyens formels, le pouvoir discrétionnaire dispose d'un vaste territoire pour se déployer, ou bien, si l'on décide de pratiquer la délégation, c'est vite la pagaille !

Complexité organisationnelle

Le développement de dispositifs tels que le management de projet ou le management matriciel accroît la complexité organisationnelle et place ceux qui encadrent ces activités dans des positions souvent ambiguës, car ils ont à répondre à plusieurs supérieurs hiérarchiques. Le plus souvent, ils se trouvent investis *de facto* d'un pouvoir de décision relativement accru, notamment sur le choix des priorités.

L'aménagement et la réduction du temps de travail (ARTT) conduisent le manager à déléguer davantage à cause des décalages entre ses propres horaires et ceux de ses collaborateurs. Par ailleurs, en conséquence de la limitation de son propre temps de présence, il lui faut impérativement se concentrer sur les activités essentielles de sa fonction : c'est en déléguant davantage, et surtout mieux qu'auparavant, qu'il pourra s'en sortir.

Votre situation par rapport à votre environnement structurel et organisationnel

À partir de la liste récapitulative ci-après, nous vous invitons à repérer les facteurs qui, dans votre situation, ont une influence sur votre exercice de la délégation, puis à classer ceux que vous retenez en deux catégories : ceux qui favorisent ou pourraient favoriser les pratiques de la délégation, et ceux qui peuvent les contrarier.

- *Facteurs de base* : métier pratiqué dans l'entreprise, métier pratiqué dans votre secteur, proximité géographique manager/délégataires, décalages horaires manager/délégataires.
- *Dynamique de l'entreprise* : âge de l'entreprise ou du secteur (création, maturité), croissance, stagnation ou déclin.
- *Valeurs et stratégie* : les valeurs de l'entreprise, leur diffusion, leur partage ; la stratégie, sa connaissance par les salariés.
- *Style général de management* : pratiques managériales de la direction actuelle, style de management de votre supérieur hiérarchique direct, traces d'un management antérieur.
- *Organisation formelle* : degré de formalisation et de rigueur.

• *Complexité organisationnelle* : management de projet, management matriciel, aménagement-réduction du temps de travail.

Votre appréciation de ces facteurs par rapport à la délégation :

Facteurs favorables à la délégation	Facteurs défavorables à la délégation
....	....
....	....
....	....
....	....
....	....
....	....

Deux thèmes de réflexion avant de poursuivre :

• Êtes-vous certain d'utiliser au mieux les facteurs qui vous sont favorables pour déléguer ?

• Ne vous arrive-t-il pas de grossir les difficultés dues à certains facteurs que vous considérez comme défavorables ?

La personnalité et les attitudes du manager

Pourrait-on demander à un manager de pratiquer la délégation en faisant abstraction de sa personnalité ? C'est totalement hors de question. Il vaut mieux que, se connaissant avec la plus grande lucidité possible, il mette à profit les traits de sa personnalité qui favorisent le management délégatif, et s'efforce de maîtriser ses penchants naturels qui pourraient en freiner l'exercice.

Attitudes fondamentales

Selon son tempérament, le manager vit plus ou moins bien d'avoir à déléguer. Un manager dont l'ego est très développé n'aime pas qu'un autre pénètre sur son territoire et s'approprie quoi que ce soit, surtout s'il s'agit d'une activité valorisante. Sa pente naturelle serait de tout faire par lui-même dans sa sphère d'influence.

Dans un autre registre, on voit des responsables qui, tels des parents frileux, craignent de trop charger leurs subordonnés : ils s'en préoccupent tellement qu'ils les empêchent d'évoluer. Il n'est pas rare que le manager prudent à l'extrême éprouve de l'angoisse quand il confie une mission à un collaborateur, situation évidemment mieux vécue par celui qui prend plus naturellement des risques.

Face à la complexité des problèmes, la capacité plus ou moins grande d'aller à l'essentiel, sans s'appesantir sur des considérations secondaires, caractérise l'art de décider. Posséder cette capacité au plus haut degré favorise la délégation, car le manager délégateur est alors prêt à accepter que son délégataire réalise une lecture de la situation différente de ce qu'aurait été la sienne et prenne des dispositions s'écartant de celles qu'il aurait adoptées. Ce qui importe pour ce manager, c'est que le résultat poursuivi soit atteint dans les délais impartis, avec les résultats économiques visés.

À l'évidence, la tendance inverse se traduit par une délégation étriquée, souvent vécue péniblement tant par le manager que par son délégataire.

Vision spontanée de l'humain

Le manager considère-t-il que, puisqu'ils ont la même qualification formelle, ses collaborateurs d'une catégorie donnée sont interchangeables ? Ou bien considère-t-il que, en plus de sa qualification de base, chacun possède quelque chose de spécifique qui l'amènera à agir différemment des autres ? Dans le premier cas, il y a de fortes chances que le délégateur ne se donne pas la peine de moduler ses modes de délégation en fonction des personnes et admette plutôt mal les solutions originales. Dans le second, le délégateur est mieux disposé à déléguer de manière différenciée et à respecter l'autonomie de son délégataire, pourvu que cela conduise au but visé.

Il est évident que celui qui est naturellement peu enclin à faire confiance à autrui et qui n'en perçoit de prime abord que les points faibles risque d'éprouver une angoisse communicative dès lors qu'il doit déléguer. Mieux vaut — cela va de soi — posséder une vision optimiste des capacités d'autrui : le manager qui s'appuie sur les points forts de son collaborateur l'investit du même coup de sa confiance et lui communique son dynamisme. Pessimisme et optimisme sont le plus souvent contagieux, bien qu'ils produisent des effets inverses.

Schémas intellectuels de référence

Chacun, plus ou moins consciemment, fonde ses raisonnements, ses prises de décision et ses jugements sur des schémas intellectuels acquis antérieurement dans des situations telles que : vie familiale, scolarité, activités sportives, lectures, vie professionnelle, contacts directs avec des supérieurs hiérarchiques à la personnalité marquante. Le manager qui a pratiqué la navigation à voile en équipe est porté à penser, et peut-être même à crier : « Tout le monde sur le pont! » quand une difficulté soudaine demande un effort collectif de ses collaborateurs. Quand il doit faire preuve de prudence et agir progressivement pour déléguer une activité délicate, celui qui pratique l'escalade se réfère à la technique de l'alpiniste qui conserve simultanément un maximum de points d'appui sur la paroi : « C'est comme en escalade, il ne faut pas en lâcher trop à la fois, sinon on dégringole ! »

Les transpositions aux situations managériales des schémas intellectuels acquis dans d'autres domaines ne sont pas toujours heureuses. C'est par exemple le cas de ceux qui, férus de mécanique, assimilent malgré eux l'organisation de leur secteur à un ensemble de rouages et considèrent que les phénomènes humains relèvent d'une approche déterministe.

Il est nettement préférable de se référer à la démarche scientifique hypothético-déductive : formuler une hypothèse, simuler ou expérimenter, mesurer les résultats, tirer des conclusions et décider de la conduite à tenir, c'est-à-dire boucler son raisonnement en en vérifiant les résultats. On peut encore se fonder sur les approches systémiques des organisations complexes, qui incitent à en considérer les différents aspects : humains, matériels, financiers, etc.

Capacité à l'interactivité

Le manager qui s'appuie sur l'interactivité pour diriger dans un style délégatif trouve naturel, quand il donne une directive à un collaborateur, que celui-ci ait à la fois le droit et le devoir de donner son avis sur le travail à réaliser, sur la formulation de l'objectif, sur la voie à suivre et les possibilités de tenir le délai demandé.

C'est le point de vue de ce directeur industriel : « Quand on est au contact, c'est sûr qu'on ne peut pas prendre toutes les décisions soi-même. Il faut écouter les autres de façon à s'assurer que la décision est conforme à la réalité du terrain. »

Capacité à diriger

Est-il besoin de le rappeler ? La raison d'être du manager, à quelque niveau que ce soit, est de diriger un ensemble plus ou moins important de personnes. Diriger n'est en aucun cas synonyme de commandement brutal : il s'agit de préciser le but, d'organiser avec son équipe les moyens nécessaires, de lancer les actions, de les coordonner et d'en maîtriser les résultats.

Il n'est pas étonnant que l'on trouve les meilleurs délégateurs chez ceux qui possèdent un charisme naturel ou qui ont cultivé leur leadership, cette capacité d'influence qui leur permet d'entraîner les membres de leur groupe de travail. Ayant saisi le résultat à atteindre, leurs délégataires n'ont générale-ment pas besoin de beaucoup de précisions sur les modalités des actions à réaliser : délégateur et délégataires s'entendent à demi-mot à partir du moment où ils partagent le sens des actions lancées.

Celui qui ne possède pas au moins l'une de ces deux capacités (charisme et leadership) tend à se comporter de manière formaliste. Par manque de confiance en lui-même et en autrui, il lui arrive d'être cassant dans ses inter-ventions. Ou bien, par timidité, il laisse tellement de marge à ses délégataires que le laisser-aller risque de s'installer.

Qualité particulièrement précieuse pour qui dirige et pratique la délégation : la résistance au stress. Le manager doit à la fois absorber le stress engendré par les écueils et les difficultés liées aux clients, à la technique, aux relations humaines, et diffuser son dynamisme à ses collaborateurs, créant ainsi un climat favorable au déploiement de la délégation.

Savoir faire évoluer les capacités de ses collaborateurs permet d'accroître cons-tamment le potentiel de son équipe : y parvient celui qui, par le management quotidien et des conseils personnalisés, est capable de faire progresser ses délé-gataires à partir des dons innés dont chacun est pourvu à des degrés divers.

Conception du management et de la délégation

Plus ou moins conscient de ses caractéristiques personnelles (nous venons d'en donner quelques exemples), chaque manager se construit sa propre conception du management et de la délégation.

Les uns penchent pour une conception centralisatrice et décident de déléguer très peu : c'est fréquemment le cas quand ils sont à la tête d'une équipe de petites dimensions. Si les mêmes managers prennent ensuite la tête de services plus importants et plus complexes, ils se trouvent confrontés à une situation nouvelle et sont conduits à s'interroger sur la pertinence de leurs conceptions. Certains décident de conserver leurs anciens modes de direction et délèguent très peu ; d'autres se remettent en question et passent à une conception plus ouverte du management.

Généralement, la nécessité d'accéder à une conception ouverte du management et de la délégation se fait par l'apprentissage sur le terrain : c'est au contact des réalités et des personnes que la plupart des managers ressentent la nécessité et les avantages de la délégation.

Et vous-même

À partir de la liste récapitulative ci-après, nous vous invitons à faire le point sur les facteurs liés à votre personnalité et à vos attitudes, puis à classer ceux que vous retenez en deux catégories : ceux qui favorisent ou pourraient favoriser vos pratiques de la délégation, et ceux qui peuvent les contrarier.

- *Attitudes fondamentales* : besoin dominant (par référence à Maslow : sécurité, appartenance, reconnaissance, réalisation), tendance à protéger autrui, attitude face au risque, attitude face à la complexité (prédominance de l'analyse ou de la synthèse).

- *Vision spontanée de l'humain* : reconnaissance de la richesse humaine, confiance en autrui, vision spontanée des points forts ou des points faibles d'autrui.

- *Schémas intellectuels de référence* : influences humaines reçues (modèles, contre-modèles), schémas intellectuels.

- *Capacité à l'interactivité* : reconnaissance du besoin d'interactivité, mise en pratique dans le relationnel.

- *Capacité* à diriger : charisme, leadership, résistance au stress, aptitude à faire progresser ses collaborateurs.

Votre appréciation de ces facteurs en ce qui vous concerne :

Facteurs favorables à la délégation	Facteurs défavorables à la délégation
....	....
....	....
....	....
....	....
....	....
....	....

La pyramide des besoins de Maslow

Selon Abraham Maslow, psychologue américain (1908-1970) il existerait une hiérarchie innée et séquentielle des besoins humains. Au plus bas niveau se situent les besoins primaires d'ordre physiologique tels que manger, boire, dormir. Maslow place ensuite les besoins de sécurité et de protection contre les dangers et les menaces d'aujourd'hui et de demain. Ces besoins étant satisfaits, apparaissent les besoins d'appartenance à des groupes sociaux, par exemple une équipe de travail, une association, un parti, une entreprise, les anciens de telle ou telle grande École. Vient alors le besoin d'estime et de reconnaissance de soi. Au niveau supérieur culminent les besoins de création et de réalisation de la personne à travers des projets, des travaux, des œuvres.

Deux thèmes de réflexion avant de poursuivre :

- Êtes-vous certain d'utiliser au mieux vos capacités favorables à la pratique de la délégation ?

- Ne vous arrive-t-il pas de considérer comme incorrigibles certains de vos travers et de vous laisser aller à vos penchants naturels au lieu de vous efforcer de les maîtriser le mieux possible ?

La personnalité et les attitudes des délégataires

Les managers expérimentés savent qu'on ne peut pas déléguer de la même manière à tout le monde. Ils distinguent, parmi leurs collaborateurs, ceux qu'il leur faut suivre de très près des personnes pleinement autonomes. Afin de moduler vos modes de délégation compte tenu des différentes personnalités de vos délégataires, nous vous proposons de prendre connaissance des principales catégories de facteurs à observer chez eux, puis de les utiliser pour caractériser vos délégataires.

Attitudes fondamentales

Par référence à Maslow, nous distinguons trois catégories de collaborateurs dont les attitudes de base ne favorisent pas les comportements de délégataire : les prudents, qui prennent le moins de risques possible ; ceux qui, dominés par leur besoin d'appartenance à un groupe, évitent de se mettre en avant par rapport à leurs collègues ; enfin, ceux que domine un ego très fort et qu'il faut s'efforcer de diriger en faisant appel à leur amour-propre.

Le délégataire à qui l'on peut donner la délégation la plus large est évidemment celui qui, animé par son besoin de réalisation, y voit une opportunité pour progresser.

Schémas intellectuels de référence

Comme le délégateur, le délégataire se réfère plus ou moins consciemment à des schémas intellectuels de référence, acquis dans des activités antérieures ou externes à l'entreprise. Il se pourrait par exemple qu'un ancien membre de commando militaire soit particulièrement préparé à assumer les risques d'une large délégation.

Méfions-nous cependant des clichés, car tout est affaire d'histoire personnelle et de vécu : et si le délégataire en question avait retiré de l'amertume d'une situation où il se serait senti « lâché » par ses supérieurs hiérarchiques ? Ne dit-on pas : « Chat échaudé craint l'eau froide » ?

Capacité à l'interactivité

N'est pas prêt à établir des relations interactives le délégataire qui, symétriquement à la rigidité d'un management taylorien, désirerait que les consignes de travail lui soient précisées jusque dans le moindre détail et qu'il n'ait plus qu'à les exécuter : ce serait beaucoup moins impliquant pour lui ! Ou celui qui, faisant une suggestion à son manager, n'admet pas qu'elle soit discutée avant d'être éventuellement entérinée, telle quelle ou après amendement.

Il est probable que ce même délégataire sera peu disposé à interagir dans ses relations latérales avec ses collègues et qu'il aura tendance à rester sur ses positions quand il faudra rechercher des solutions communes.

Autonomie

Fait preuve d'autonomie le collaborateur qui assume ses responsabilités en ayant des relations d'interdépendance non seulement avec son manager, mais également avec ses collègues, ses partenaires internes et externes. Il prend des initiatives dans l'aire d'évolution qui lui est impartie et rend compte de ses activités et de ses résultats à son délégateur. Il remplit ainsi l'une des principales conditions nécessaires à une large délégation.

Le salarié membre d'une équipe n'accède pas directement à l'autonomie. Une personne nouvelle dans un groupe dépend dans un premier temps de son entourage (son manager, ses collègues). À ce stade, peu de délégation possible. Puis elle évolue plus ou moins vite vers le stade de l'autonomie.

Mais tous n'y parviennent pas : quelques-uns demeurent dépendants pour tout ou partie de leurs tâches ; d'autres s'arrêtent au stade de la contre-dépendance, caractérisé par une contestation systématique, un esprit de contradiction quelque peu enfantin ; d'autres se comportent en électrons libres, confondant autonomie et indépendance. Ces trois cas ne sont pas favorables à la délégation.

Compétences professionnelles et motivation

La délégation est rendue possible à la fois par les compétences dont le délégataire a déjà fait preuve et par ses potentialités : les situations évoluent et il n'est pas rare que des difficultés non prévisibles au départ surviennent en chemin. Plus le délégataire est compétent, plus il a de capacités en réserve, et plus il a de chances de faire face à des problèmes rarement ou jamais rencontrés auparavant.

Les capacités ne suffisent pas : il faut aussi de la motivation. Un collaborateur est d'autant plus enclin à accepter une délégation délicate, à faire des efforts, à prendre des risques et à affronter des difficultés qu'il aime son activité. Il en est de même quand il veut prouver, à lui-même et à son entourage, qu'il est capable de sortir de son champ habituel d'activité, où il se sent à l'étroit.

En plus de compétences sur les activités de son poste, il est de plus en plus nécessaire que le délégataire soit capable d'avoir de bonnes relations latérales avec ses collègues du même secteur ou d'autres secteurs, ou encore avec des partenaires extérieurs à l'entreprise.

Attitude face à la délégation

Pour que cela fonctionne, il est indispensable que le manager qui veut pratiquer la délégation trouve face à lui des collaborateurs désireux de la prendre et, mieux encore, de l'appeler : tous les salariés ne sont pas prêts à s'engager dans l'entreprise, à se réaliser dans le travail, à prendre des risques, à agir en tant qu'adultes responsables.

En plus des freins individuels, il arrive que des freins collectifs s'opposent au développement de la délégation : le collaborateur qui veut se distinguer est vite ramené dans le rang par la pression du groupe. S'il insistait, il pourrait être victime d'un harcèlement collectif de la part de ses collègues : il n'aurait alors plus d'autre choix que de s'aligner ou de partir.

De tels freins s'observent au sein des organismes administratifs et des entreprises étatisées, notamment sous la pression des syndicats qui y détiennent le plus souvent un pouvoir considérable : « Les jalousies, l'absence de goût du risque, les comportements infantiles ou immatures de certains subordonnés, la « culture » de l'obéissance et de l'assistanat, la routine auto-instituée constituent des tendances incompatibles avec le développement d'un management fondé sur la délégation», nous dit un cadre qui dirige le personnel administratif d'un ministère.

Et vos délégataires

À partir de la liste récapitulative ci-après, nous vous invitons à faire le point sur les facteurs liés aux personnalités et aux attitudes de vos délégataires, puis à classer les facteurs que vous retenez en deux catégories : ceux qui favorisent ou pourraient favoriser vos pratiques de la délégation, et ceux qui peuvent les contrarier. Peut-être serez-vous amené à distinguer plusieurs groupes de délégataires aux comportements différents, et même à considérer que chacun de vos collaborateurs constitue un cas unique.

Si tel est le cas, vous pourriez vous livrer à ce petit exercice en le limitant à seulement quelques-uns de vos délégataires :

- *Attitudes fondamentales* : besoin dominant (par référence à Maslow : sécurité, appartenance, reconnaissance, réalisation), besoin d'être protégé, attitude face au risque, attitude face à la complexité (prédominance de l'analyse ou de la synthèse).

- *Schémas intellectuels de référence* : influences humaines reçues (modèles, contre-modèles), schémas intellectuels.

- *Capacité à l'interactivité* : aptitude à dialoguer et à chercher des solutions avec autrui (manager, collègues).

- *Autonomie* : comportements d'adulte interdépendant, indépendance, contre-dépendance, dépendance.

- *Compétences professionnelles et motivation* : compétences sur les tâches elles-mêmes, compétences sur les interfaces, motivation.

- *Attitude face à la délégation* : appel de la délégation, rejet de la délégation, peur des responsabilités, pressions collectives sur ceux qui se distinguent.

Vos appréciations de ces facteurs en ce qui concerne vos délégataires :

Délégataire n° 1 ou sous-groupe n° 1

Facteurs favorables à la délégation	Facteurs défavorables à la délégation
....	....
....	....
....	....

Délégataire n° 2 ou sous-groupe n° 2

Facteurs favorables à la délégation	Facteurs défavorables à la délégation
....	....
....	....
....	....

Délégataire n° 3 ou sous-groupe n° 3

Facteurs favorables à la délégation	Facteurs défavorables à la délégation
....	....
....	....
....	....

Trois thèmes de réflexion pour conclure cette première partie qui a présenté la problématique de la délégation :

• Êtes-vous certain de vous appuyer suffisamment sur les capacités de vos délégataires qui vous permettraient de leur donner une délégation la plus large possible ?

• Ne vous arrive-t-il pas de grossir les difficultés dues à certaines de leurs attitudes que vous considérez comme étant défavorables ?

• N'êtes-vous pas tenté de traiter l'ensemble de vos délégataires de la même façon ? Ou bien, êtes-vous réellement attentif à mettre en pratique des méthodes différenciées pour déléguer en fonction des circonstances, de la nature des activités et des personnes de vos délégataires ?

PARTIE II

LES RÈGLES D'OR
DE LA DÉLÉGATION

OBJECTIF

Après avoir étudié chacune des sept règles d'or de la délégation et effectué votre auto-appréciation, **vous déterminerez des axes de progrès personnalisés** qui vous permettront d'optimiser vos comporte-ments de manager délégateur.

Avant de commencer

Nous allons à présent travailler sur les sept règles d'or de la délégation :

- Règle 1 : Déléguer de manière différenciée.
- Règle 2 : Bien connaître chacun de ses collaborateurs directs.
- Règle 3 : Diriger en faisant partager les orientations stratégiques.
- Règle 4 : Faire en sorte que la délégation soit appelée par les délégataires.
- Règle 5 : Se comporter soi-même en délégataire interactif avec son manager.
- Règle 6 : Contrôler ce qui a été délégué.
- Règle 7 : Se comporter en coach de ses délégataires.

Pour chacune de ces règles, nous vous proposons d'apprécier vos pratiques et votre performance. Tout au long de ce chapitre, vous pourrez réaliser votre auto-diagnostic, en évitant bien sûr d'être trop complaisant vis-à-vis de vous-même !

Pour visualiser votre score par rapport à ces règles, nous utiliserons un schéma circulaire, avec une cotation de zéro à dix points (la note la plus basse est 0 et la plus forte est 10) sur la manière de respecter chacune d'elles.

Le score maximal donnerait un tracé en forme de diamant taillé, symbole de l'ambition du manager qui vise à occuper l'ère totale de la délégation et à en tirer la substantifique moelle (voir schéma 4).

Il est évident que le score maximal est probablement impossible à atteindre : nous le posons comme cible idéale vers laquelle tendre dans la pratique quotidienne d'un management fondé sur la délégation.

Délégation différenciée

1

Se comporter en coach
de ses délégataires 7

2 Connaître ses délégataires

Contrôler 6

Diriger en
3 faisant partager
la stratégie

5

4

Se comporter en délégataire
interactif

Faire en sorte que la délégation
soit appelée par les délégataires

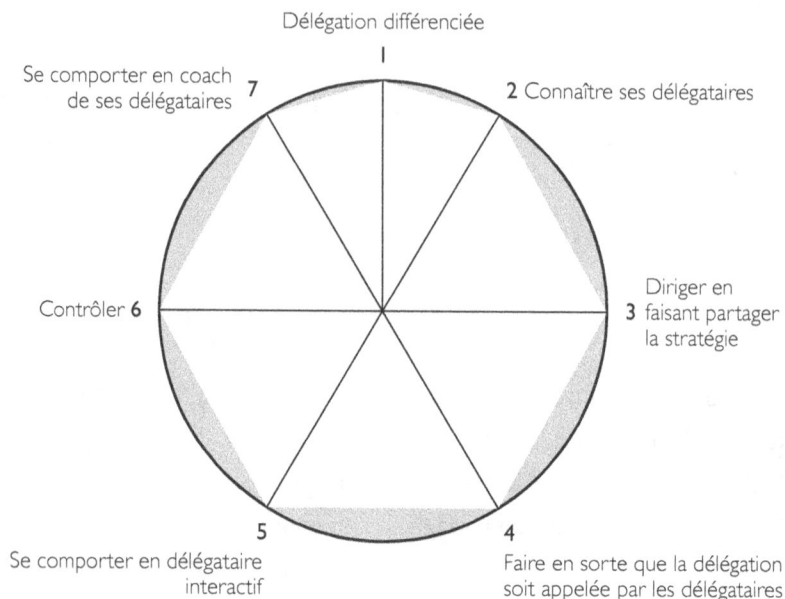

Schéma 4 • Le diamant de la délégation

Il faut remarquer que les sept règles se répartissent en trois catégories bien distinctes (voir schéma 5) :

- les règles 1, 2 et 7 s'appliquent aux *activités relationnelles* dans les pratiques quotidiennes de la délégation ;

- les règles 3 et 6 correspondent aux *aspects formels du management* (objectifs, délais, tableaux de bord, etc.) ;

- les règles 4 et 5 s'appliquent aux *fondations de l'édifice* : pas de délégation possible sans bons délégataires.

Voici deux exemples de profils : d'une part, celui d'un manager ayant peu confiance en autrui et au comportement hypercentralisateur ; d'autre part, celui d'un dirigeant qui lance beaucoup d'idées et qui a tendance à ne pas maîtriser tout ce qui se développe autour de lui à partir de ses impulsions ou des initiatives de ses collaborateurs (voir schéma 6).

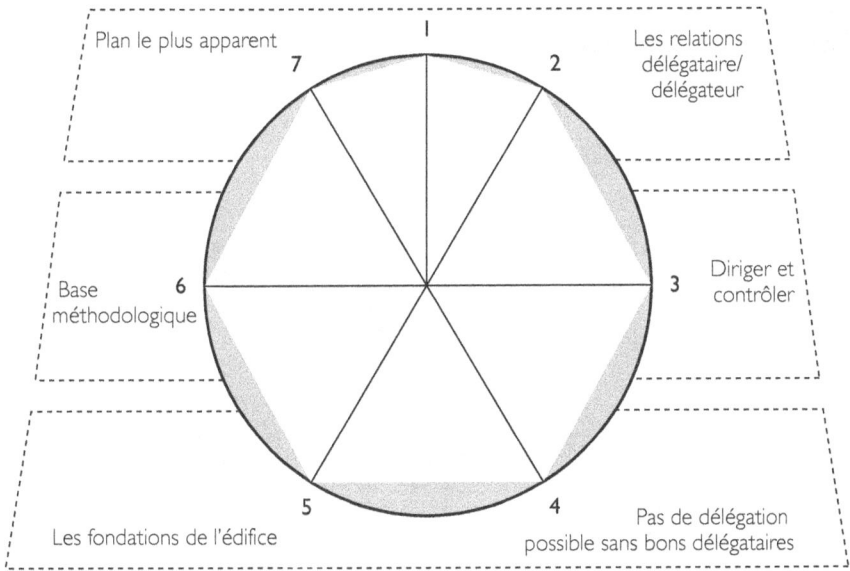

Schéma 5 • **Les trois plans des règles d'or**

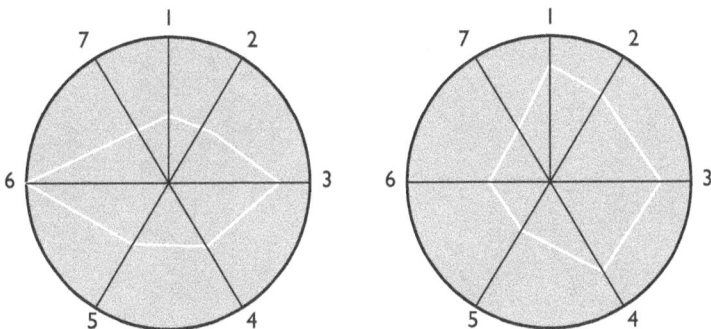

A. Manager hypercentralisateur
et peu confiant en ses collaborateurs

B. Dirigeant créatif contrôlant
insuffisamment ce qu'il a délégué

Schéma 6 • **Deux exemples de profils de délégateurs**

En toute première approche, et de manière globale et intuitive, nous vous invitons à vous auto-évaluer (voir schéma 7).

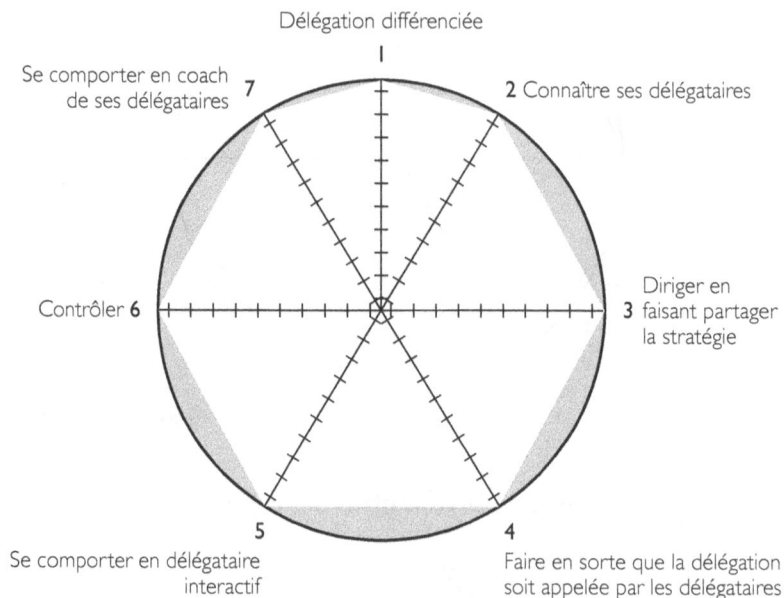

Délégation différenciée

Se comporter en coach de ses délégataires — **7**

2 Connaître ses délégataires

Contrôler **6**

Diriger en **3** faisant partager la stratégie

5 Se comporter en délégataire interactif

4 Faire en sorte que la délégation soit appelée par les délégataires

Schéma 7 • Votre auto-évaluation

Chapitre 1

Règle 1 :
Déléguer de manière différenciée

Après avoir distingué ce que vous devez conserver en propre de ce qu'il vaut mieux déléguer, *vous disposerez d'un ensemble de repères et de méthodes pour mettre en pratique une délégation différenciée, adaptée aux activités, aux circonstances, à la personne, à l'expérience, aux compétences de votre délégataire et à sa motivation.*

Identifiez ce que vous pouvez déléguer

Comment vous y prendre pour distinguer les activités essentielles de votre fonction ? L'intuition, bien sûr, vous soufflera des réponses, mais elle ne suffit pas. Voici quelques pistes de réflexion.

Tenez compte des spécificités de votre poste

Nombreux sont les équilibrages possibles de votre temps et de votre énergie entre deux catégories d'activités :

- celles qui relèvent de votre fonction managériale, telles que prévoir, organiser, structurer votre équipe, définir des priorités, lancer des actions, les coordonner, en contrôler les résultats, gérer des budgets ;

- celles qui tiennent au métier spécifique de votre secteur et à ses aspects techniques, pour lesquels vous possédez, à un degré plus ou moins élevé, une compétence, une expertise appropriées : pour diriger une usine chimique, mieux vaut être soi-même chimiste ; pour diriger un garage qui entretient et répare des automobiles, mieux vaut être mécanicien.

Le chef d'équipe qui travaille à longueur de journée avec ses compagnons possède nécessairement un grand savoir-faire sur le plan technique ; le temps et l'énergie qu'il consacre à l'aspect managérial de sa fonction se trouvent réduits par rapport à son engagement direct sur le plan professionnel. Il privilégie son rôle d'expert.

Au sommet de l'échelle hiérarchique, le dirigeant d'une très grande organisation qui, au cours de sa carrière, passe par exemple du domaine bancaire à celui du transport ou de l'énergie est avant tout un spécialiste du management. À la limite, il n'a pas besoin de connaître le métier de l'entreprise dont il prend la tête, car ce qui domine chez lui, c'est le métier de dirigeant de haut niveau, qui intègre les aspects majeurs du management : stratégie, finances, gouvernance sociale, relations publiques, etc.

Entre ces deux extrêmes se rencontrent toutes les nuances possibles pour équilibrer management et technique. C'est par exemple ce directeur d'une moyenne surface de vente, qui se consacre principalement à ses tâches managériales et qui donne régulièrement un coup de main à ses employés au moment où fonctionne le restaurant self-service de son magasin. De manière générale, plus l'on s'élève dans l'échelle hiérarchique, plus s'accroît le poids des activités managériales.

Pour distinguer ce qui est à conserver de ce qu'il convient de déléguer, vous ne devez donc pas perdre de vue les spécificités de votre poste, qui tiennent à la fois à votre niveau hiérarchique, aux dimensions et à la nature des activités de votre secteur : de toute manière, vous ne pouvez déléguer qu'une partie de ce que vous avez vous-même en charge.

Ce que vous ne devez pas déléguer

En premier lieu, rappelons que c'est toujours au responsable du secteur qu'il revient de monter en première ligne en cas de difficultés majeures et quand il faut faire face à des événements exceptionnels. Vous ne devez jamais envoyer un subordonné au « casse-pipe » à votre place : il vous faut absolument proscrire tout ce qui pourrait apparaître comme un abandon ou une démission.

Vous devez assurer en direct :

• les arbitrages en cas de tensions majeures entre des personnes ou des groupes de personnes de votre secteur ;

• les décisions disciplinaires, les sanctions négatives frappant certains de vos subordonnés ;

• les décisions et les communications désagréables ;

• les relations délicates avec les autres secteurs et avec l'extérieur de l'entreprise.

Vous devez évidemment agir en personne pour tout ce qui revêt un caractère confidentiel, par exemple la rémunération de vos collaborateurs.

Sur d'autres plans, et à condition que cela fasse partie de la définition de votre fonction, il vous faut conserver en propre quatre catégories d'activités :

Organiser votre secteur	Orientations à long et moyen terme, en rapport avec les transformations d'autres secteurs de l'entreprise
	Développement des activités à effet de levier (choix essentiels d'organisation, orientations des actions de formation de ses collaborateurs, etc.)
	Décisions à conséquences lourdes, en particulier concernant les investissements importants et sur lesquels on ne peut pas revenir
	Élaboration et évolutions du système d'information de gestion (ratios clés, éléments de tableau de bord, etc.)
Construire votre équipe et l'animer	Recrutements ou mutations en provenance d'autres secteurs, avec un soin tout particulier portés aux postes clés
	Définition des fonctions de vos subordonnés directs
	Rémunérations (dans le cadre des règles générales de l'entreprise)
	Leadership de votre groupe de collaborateurs et contrôle de son moral
	Sanctions positives et promotions
	Messages sur les orientations de l'entreprise et celles du secteur. .../...

...../....

Piloter et contrôler les activités	Contrôle des points clés des activités (production, rendements, délais, etc.)
	Maîtrise budgétaire
Établir et entretenir les principales relations sur les interfaces de votre secteur	Relations avec votre n + 1
	Communication des résultats de votre secteur à votre hiérarchie

Il ne vous appartient pas d'accomplir vous-même tout ce qui a trait aux activités que nous venons de passer en revue : il vous revient d'en assurer la maîtrise.

Pour nombre d'entre elles (l'organisation, les recrutements, la formation), en particulier si vous dirigez une grande organisation, vous vous trouvez en quelque sorte en position de maître d'ouvrage par rapport aux maîtres d'œuvre que sont pour vous vos collaborateurs, d'autres secteurs de l'entreprise (DRH, service formation, etc.) ou des conseillers extérieurs. C'est vous qui passez commande et c'est ensuite vous qui réceptionnez l'ouvrage après en avoir contrôlé l'avancement. Vous pouvez par exemple déléguer le recueil des informations et les premières étapes de la rédaction d'un rapport dont vous serez signataire, ou d'un discours que vous aurez à prononcer. Il ne vous est pas non plus interdit de confier les phases préliminaires d'une négociation délicate à un subordonné en qui vous avez toute confiance, avec des consignes très précises sur les points que vous vous réservez de prendre en main quand vous entrerez à votre tour dans l'arène.

Lors de la mise en place d'un nouveau dispositif organisationnel dont vous avez dirigé l'élaboration, il vaut souvent mieux qu'après en avoir exposé les lignes maîtresses vous laissiez les membres de l'encadrement les plus proches du terrain expliquer les modalités d'application : ils s'expriment généralement mieux que vous quand il s'agit de s'adresser à leurs collaborateurs directs. Dans tous ces cas, c'est toujours à vous qu'il revient de maîtriser l'ensemble des actions.

Ce qu'il vaut mieux déléguer

De façon générale, voici les catégories de tâches qu'il est préférable de déléguer :

- les tâches qui encombrent votre temps et vous empêchent de vous centrer sur l'essentiel ;

- ce qu'un subordonné peut effectuer aussi bien ou mieux que vous ;

- ce qu'un subordonné fait pour l'instant moins bien que vous, en pariant qu'il va s'améliorer avec le temps ;

- ce à quoi aspirent vos délégataires désireux de progresser ;

- ce qui peut élever le niveau des compétences de vos collaborateurs ;

- les détails de routine qui ne risquent pas d'avoir de graves conséquences en cas de raté ;

- les tâches préparatoires de vos travaux de synthèse et de vos décisions telles que recueil d'informations, calculs, premiers jets d'un texte, etc.

- tout ce qui ne concourt pas à augmenter votre contributivité et la productivité globale du secteur dont vous êtes responsable.

Trois approches pour identifier l'essentiel de votre fonction

Pour vous aider à être le plus perspicace possible, nous allons vous présenter trois approches complémentaires qui permettront de guider votre intuition dans ce choix délicat et lourd de conséquences.

L'important et l'urgent

Les managers efficaces possèdent une acuité particulière pour distinguer l'important de l'urgent et consacrer le meilleur de leur temps et de leur énergie à l'important plutôt qu'à l'urgent. Vous pourriez vous inspirer du schéma 8 pour agir de même.

	Urgent	Non urgent
Important	Traiter soi-même rapidement	Planifier
Peu important	Confier à un collaborateur	Oublier

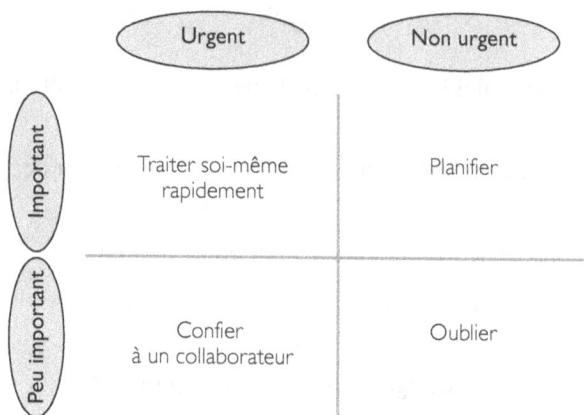

Schéma 8 • L'important et l'urgent

Vous pourriez prendre pour de la provocation la recommandation d'*oublier* ce qui paraît le moins important et le moins urgent. N'en faites rien. Admettons que, tel qu'il est présenté, ce schéma caricature la réalité, où se rencontrent, il est vrai, une multitude de nuances entre ce qui est extrêmement important et ce qui ne l'est pas du tout. Mais ne perdons pas de vue que toute personne en activité connaît nécessairement un déficit naturel entre son potentiel temporel et la somme des heures que représenteraient les multiples obligations et « sollicitations » auxquelles elle pourrait être tentée de répondre si son temps et son énergie étaient illimités. Force est de constater qu'elle ne peut pas tout faire et qu'il lui faut concentrer son potentiel de temps et d'énergie sur ses objectifs majeurs. Le reste attendra et, très souvent même, il n'en sera plus jamais question. Tant pis pour les perfectionnistes ! Notons au passage que ce constat s'applique aux activités professionnelles comme aux activités personnelles et familiales.

L'analyse « 80/20 »

Voici une autre méthode pour déterminer sur quoi concentrer son temps et son énergie : l'analyse « 80/20 ». On constate fréquemment que, par exemple, 80 % des ventes sont réalisées avec 20 % des clients, ou que 80 %

© Éditions d'Organisation

des stocks sont le fait de 20 % des références, ou encore que 80 % des problèmes de qualité sont dus à 20 % des causes de non-qualité. On en a déduit des règles pour concentrer les moyens sur les cibles les plus importantes. Il en est de même pour les actions du manager par rapport aux résultats (voir schéma 9).

Impact sur les résultats

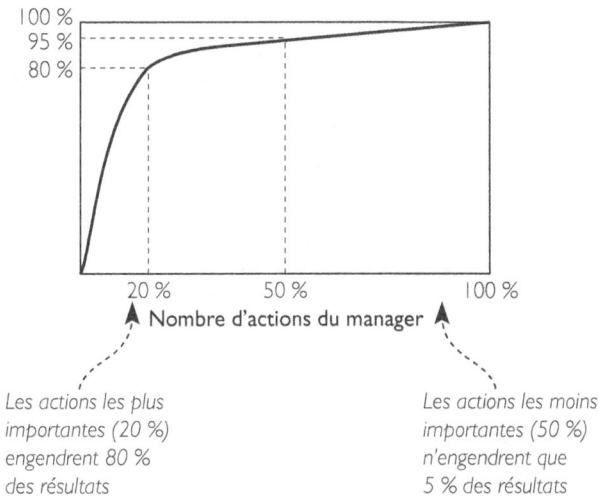

Les actions les plus importantes (20 %) engendrent 80 % des résultats

Les actions les moins importantes (50 %) n'engendrent que 5 % des résultats

Schéma 9 • L'analyse « 80/20 » appliquée aux activités du manager

Le calcul arithmétique n'est pas complètement possible dans ce cas, mais ce n'est pas une raison pour vous priver de ce mode de raisonnement. Une approche intuitive suffit pour distinguer les actions sur lesquelles concentrer vos efforts. Vous pouvez par exemple utiliser le tableau ci-après en relevant (durant une semaine, ou, mieux, durant un mois complet) la répartition de votre temps personnel sur vos *n* activités.

1	2	3	4	5
Activités personnelles dans l'ordre décroissant par rapport aux impacts sur vos résultats [a]	Pourcentage de l'impact	Cumul des impacts	Temps consacré pendant la période	Pourcentage du temps consacré
1)	15	15		
2)	12	27		
3)	8	35		
4)	7	42		
...				
n - 1)	0,05	99,6		
n) [b]	0,04	100		

a. La référence étant votre définition de fonction (raison d'être et principales finalités de votre poste) et les objectifs à court, moyen et long terme que vous a fixés votre n + 1.

b. En pratique, on doit se contenter de faire ces estimations sur des regroupements de petites tâches.

Le plus souvent, la mise en rapport des impacts sur les résultats et du temps consacré aux différentes activités met en évidence des déséquilibres considérables. Si tel est votre cas, vous devriez en conclure qu'il vous faut déléguer une bonne partie de ce qui vous encombre dans le quotidien et vous empêche de vous concentrer sur l'essentiel.

Faites votre examen de conscience

Tout un chacun a tendance à se trouver de bonnes raisons (il s'agit de *rationalisations* selon les psychologues) pour justifier son attachement à des tâches mineures. Cela vaudrait tout de même la peine de chercher à y voir clair à partir de questions de ce genre :

- « Ne m'arrive-t-il pas de passer des heures à des tâches routinières parce que, au fond, j'échappe pendant ce temps-là à l'angoisse de la page blanche que je ressens dès que je cherche à élaborer des scénarios sur le devenir de mon secteur dans les prochaines années, ou au trac qui me paralyse dès que j'ai à prendre une décision délicate ? »

- « Dois-je absolument m'occuper personnellement de telle ou telle technique (ou de tel ou tel client, ou bien d'un produit particulier) sous prétexte que cela me rappelle le temps où j'étais sur le terrain et que je garde ainsi le contact avec la réalité ? »

- « N'ai-je pas tendance à être « bonne poire », en cédant trop facilement à certains de mes subordonnés qui abusent de ma propension à les aider dans l'exécution de leurs tâches, ou même à réaliser ces tâches ou à prendre des décisions à leur place ? »

- « Ne suis-je pas tenté de sacrifier à mon goût de l'art pour l'art par exemple quand, après avoir rédigé un rapport sur ordinateur, je passe un temps fou à le mettre en forme ? Ne vaudrait-il pas mieux confier ce travail à quelqu'un de plus habile que moi en PAO (et payé moins cher), ou m'efforcer de faire bien du premier coup[1] ? »

- « N'ai-je pas tendance à jouer au manager surmené pour me valoriser à mes propres yeux et à ceux de mon entourage professionnel et personnel ? »

Du niveau zéro de la délégation à la collaboration poussée...

Le problème qui se pose au manager n'a rien de binaire : il ne s'agit pas de choisir entre déléguer ou ne pas déléguer, mais d'adapter l'amplitude d'une aire d'initiative en fonction de la personnalité du délégataire et de ses compétences, des activités à réaliser et des circonstances.

---

1. Pour « faire bien du premier coup » nous encourageons cadres et managers à apprendre à maîtriser les outils bureautiques (par exemple les logiciels de traitement de texte ou tableurs) : à condition d'accepter de « savoir perdre du temps pour en gagner », ceux-ci permettent des gains de temps substantiels. Voir *La contributivité, une nouvelle façon d'aborder l'efficacité des cadres et des managers*, des même auteurs.

Type et amplitude de la délégation donnée

Dans la conception la plus ambitieuse de la délégation, le manager s'attend à ce que son délégataire, à partir d'un réel partage de valeurs guides et d'orientations stratégiques, puis de la formulation de buts opérationnels, soit capable de décliner ces buts en objectifs intermédiaires, de choisir ou concevoir les moyens les plus appropriés, de déterminer les budgets, les plans d'action, les modes opératoires et les calendriers de réalisation. Selon cette conception, il s'attend aussi à ce que son collaborateur propose de lui-même les modalités des comptes rendus d'avancement de ses activités.

Pour que cela fonctionne, il est fondamentalement indispensable que celui à qui est donnée une telle délégation soit capable de se mettre dans la peau d'un entrepreneur interne. Cela suppose qu'il possède à la fois une très grande autonomie et la capacité de conduire ses réflexions et ses actions en interaction avec ses partenaires — internes et externes — ainsi qu'avec son manager, qu'il considère davantage comme un client que comme un supérieur hiérarchique. Nous nous situons là au sommet indépassable de ce qui peut être visé en matière de délégation. Au-delà, nous sortons d'une situation caractérisée par un lien de subordination pour passer à une situation d'indépendance.

Si nous nous plaçons tout à fait à l'opposé, au niveau zéro, nous voyons un manager qui utilise un « bras » à qui il commande de réaliser une tâche en lui imposant une procédure précise. C'est parfois indispensable en raison de la nature des activités : dans le combat contre l'incendie, il est absolument vital que les ordres donnés par le gradé aux sapeurs pompiers soient strictement exécutés — « sans hésitation ni murmure », dit-on dans les armées — et que soient rigoureusement effectués les gestes longuement répétés à l'entraînement. Il y va à la fois du succès de l'opération (sauvegarde des personnes et, dans la mesure du possible, préservation des biens) et de la sécurité des soldats du feu. Dans des conditions différentes, mais avec guère plus de marge de manœuvre, c'est ainsi qu'opèrent les OS [2] sur les chaînes de montage, ou les caissières des grandes surfaces de vente.

---

2. OS : ouvriers spécialisés, c'est-à-dire formés uniquement à un ensemble réduit de tâches élémentaires, qui ne demandent pas de qualification particulière, contrairement aux activités des ouvriers professionnels.

Quand il confie temporairement à un collaborateur une tâche qu'il effectue d'habitude lui-même (par exemple les calculs à partir desquels il prépare ses budgets), le manager fournit plus ou moins explicitement la procédure correspondante. Le plus souvent, la personne à qui cette tâche ponctuelle est donnée ne dispose ni du temps ni du recul nécessaires pour élaborer une méthode personnelle. Elle ne se situe pas ici dans un rôle de délégataire, mais d'exécutant, même si, pour d'autres activités, son manager lui attribue des marges d'initiative.

Entre les deux extrêmes, le degré d'ouverture de la marge d'initiative dévolue au délégataire augmente au fur et à mesure que l'on se rapproche du niveau supérieur (voir schéma 10).

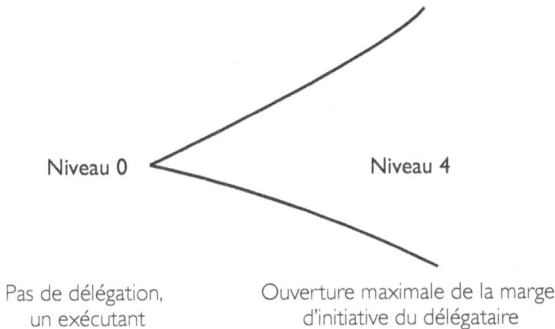

Niveau 0   Niveau 4

Pas de délégation,   Ouverture maximale de la marge
un exécutant   d'initiative du délégataire

**Schéma 10 • L'ouverture progressive du champ
de la délégation**

Les quatre niveaux de la délégation

Une fois situées les limites extrêmes de la délégation, nous pouvons décrire quatre niveaux progressifs de délégation, depuis l'affectation d'une latitude de choix sur les méthodes de travail jusqu'aux formes les plus larges, où le délégataire se voit confier de grandes marges de décision et d'action.

Niveau 1 : choix de la méthode[3] de travail

L'attribution d'initiative sur le choix de la méthode de travail marque le passage du rôle d'exécutant à celui de délégataire. Nous accédons au premier niveau de la délégation, fondé sur ce présupposé : tout en appliquant à la lettre des règles incontournables (du même ordre que rouler à droite sur les routes de France ou à gauche sur celles de Grande-Bretagne), il existe plusieurs possibilités pour atteindre l'objectif d'un travail donné (voir schéma 11).

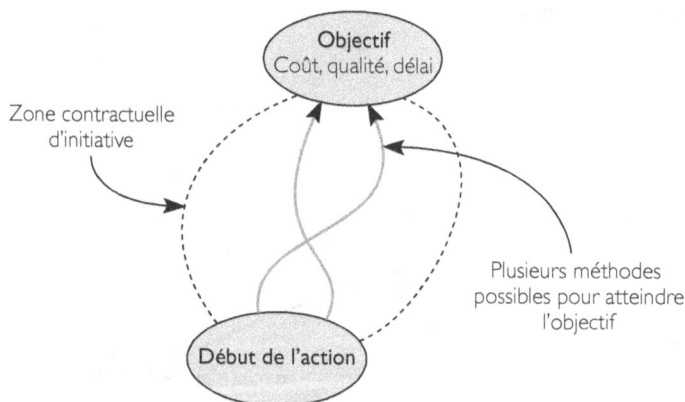

Schéma 11 • La délégation du choix de la méthode

La latitude d'action de ce premier niveau de la délégation s'applique à la méthode de travail dans un sens plus ou moins large. En plus du *comment faire*, elle peut également s'étendre au choix du *quoi faire à un moment donné*.

---

3. Rappelons que le terme **méthode** désigne un ensemble de démarches raisonnées, déployées avec continuité et souplesse en fonction des circonstances, afin d'atteindre un but préalablement défini. Nous remarquons un saut qualitatif, une véritable mutation par rapport à la **procédure**, somme de règles à observer strictement, à la lettre, dans l'exécution d'une tâche cernée.

Prenons l'exemple du contremaître qui donne à un ouvrier la liste des commandes à réaliser dans une période définie (journée, semaine). Il peut le faire de deux manières bien différentes : (1) soit définir strictement la séquence de traitement des commandes à réaliser (en fait : donner un ordre) ; (2) soit laisser à l'ouvrier le soin de s'organiser (pour avoir le moins possible de réglages à effectuer, pour rompre la monotonie des tâches, etc.), par exemple en traitant dans un premier temps les opérations d'ébauche sur l'ensemble des pièces pour ensuite passer au stade de finition de chaque commande.

L'assistante de direction d'une PME, chargée entre autres activités de la paie et de la comptabilité a, quant à elle, le champ libre pour grouper de différentes façons les tâches correspondantes : calcul et règlement des charges sociales, trésorerie, saisie des mouvements comptables, calcul et règlement de la TVA, etc. Ce qui importe, c'est à la fois l'exactitude des opérations et le strict respect des échéances : il lui revient de s'organiser comme elle l'entend pour y parvenir.

Niveau 2 : choix des moyens dans une enveloppe budgétaire déterminée

Un nouveau pas est franchi quand le supérieur hiérarchique donne à ses subordonnés le choix des matériels en mettant à leur disposition le budget correspondant. C'est le cas de ce responsable d'une entreprise de distribution dont les vingt dépôts sont dispersés sur huit départements : alors qu'auparavant il centralisait les achats des camions sur une seule marque, ses chauffeurs lui ont avancé des arguments pour d'autres marques, tenant notamment à la proximité du concessionnaire, à la longévité du matériel et aux économies sur les frais d'entretien. Il leur a attribué le choix des camions sur quatre marques.

Agit dans le même esprit le directeur d'usine qui, pour une période donnée, met à disposition des opérateurs de fabrication une enveloppe budgétaire dédiée à la concrétisation de leurs idées d'amélioration de leurs postes de travail.

Nous retrouvons une démarche analogue chez ce dirigeant de PMI qui, passée la phase où il décidait seul de tous les investissements, s'est mis à déléguer le choix des nouvelles machines au responsable de la production : il se contente de l'aider à établir son cahier des charges et à recueillir des informations sur la fiabilité des fournisseurs.

Niveau 3 : détermination interactive de l'enveloppe budgétaire

À ce niveau, l'élargissement progressif de l'autonomie prend des formes diverses, qui peuvent être conjuguées entre elles. En voici deux exemples.

Au lieu d'imposer à chaque direction fonctionnelle un budget annuel, la direction générale lui demande d'établir un avant-projet budgétaire. Puis elle réalise l'intégration de l'ensemble (ventes, achats, frais d'exploitation, investissements, trésorerie, etc.) pour finalement rendre son arbitrage.

Quand il s'agit de réaliser des économies sur les frais de fonctionnement, le dirigeant a tout intérêt à déléguer à ses subordonnés directs le soin de déterminer la meilleure voie pour y parvenir. Cela passe rarement par une application uniforme du pourcentage d'ensemble visé, car il se révèle souvent préférable d'augmenter les dépenses sur certains postes (par exemple, l'entretien préventif des matériels) afin de réaliser des économies substantielles sur d'autres postes : ce n'est pas au sommet de la pyramide que cela peut se discerner.

L'enveloppe déterminée de manière interactive peut être une enveloppe de temps. C'est fréquemment le cas dans les métiers intellectuels, par exemple pour réaliser une enquête, une étude. Il est alors préférable que le manager demande à son collaborateur d'estimer le volume nécessaire à partir du tracé général de la mission : après réflexion et débat, l'accord portera à la fois sur l'enveloppe de temps (et donc d'argent) et sur le niveau de détail des travaux qui pourront être réalisés en fonction du temps attribué.

Niveau 4 : détermination interactive des objectifs

Après avoir progressé degré par degré, nous voici remontés à la limite supérieure d'un management fondé sur la délégation la plus large qui soit. À partir des buts généraux de l'entreprise, il s'agit de déterminer de manière interactive les objectifs opérationnels de chaque secteur. Cela n'est possible qu'à la condition que la direction générale informe largement l'encadrement supérieur sur :

* la situation de l'entreprise par rapport à son environnement : pressions concurrentielles, opportunités à exploiter, transformations des demandes des clientèles, évolutions techniques, exigences des actionnaires, etc.

* les objectifs stratégiques retenus compte tenu de la situation extérieure et des forces et faiblesses internes de l'entreprise.

Alors, il devient possible de déterminer de manière interactive les objectifs de chaque secteur (voir schéma 12).

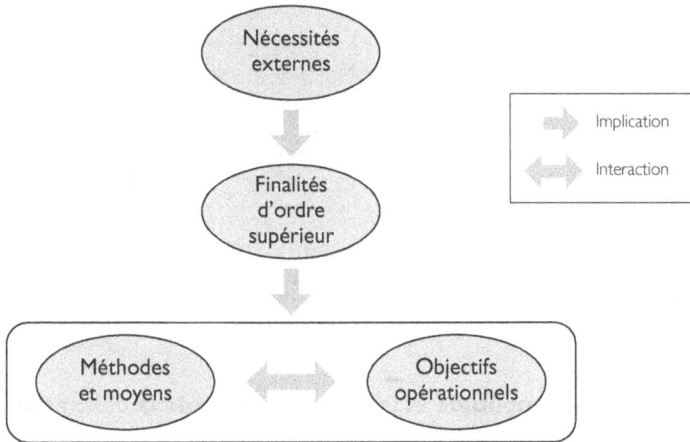

Schéma 12 • La détermination interactive des objectifs

Ce schéma traduit une manière réaliste de fixer les objectifs opérationnels en prenant en compte à la fois les éléments de l'environnement économique, les visées stratégiques de niveau supérieur et ce que les responsables opérationnels connaissent des possibilités offertes par les capacités actuelles et potentielles des moyens à leur disposition.

En résumé, nous constatons que le champ de la délégation couvre des formes extrêmement différentes de management. La délégation n'a rien d'un choix binaire entre l'enfermement du subordonné dans un rôle d'exécutant et la carte blanche qui serait donnée à un collaborateur en qui le manager aurait toute confiance. Ce sont précisément là les deux limites inférieure et supérieure du champ proprement dit de la délégation (voir schéma 13).

En deçà du champ de la délégation, le manager donne des ordres stricts à des exécutants qui n'ont aucune initiative possible. Au-delà, nous sortons du lien de subordination : à partir d'un cahier des charges, le manager traite alors avec des personnes ou des organismes extérieurs à l'entreprise.

EXÉCUTION		DÉLÉGATION			INDÉPENDANCE
Niveau 0	Niveau I	Niveau 2	Niveau 3	Niveau 4	Possibilité d'accepter ou non la mission
Aucune initiative	Délégation méthode	Délégation moyens	Délégation budget	Délégation objectifs	Selon un cahier des charges
	Lien de subordination				Hors lien de subordination

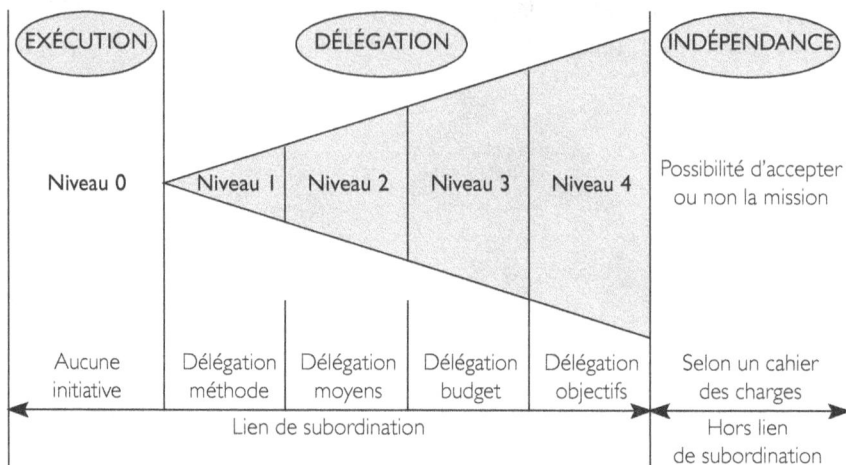

Schéma 13 • Amplitude et limites du champ de la délégation

Comment déléguer de manière différenciée

Pour déterminer l'amplitude de la délégation que vous pouvez attribuer à un collaborateur sur une tâche donnée, il vous faut prendre en considération :

- la *maturité* de votre délégataire, son sang-froid, sa capacité à prendre des risques et à assumer des responsabilités ;
- sa *motivation* pour ce type d'activité ;
- sa *compétence* et son expérience par rapport à cette tâche (ses points forts, ses points faibles) ; éventuellement, sa compétence sur une tâche de nature voisine et, dans ce cas précis, son aptitude à en transférer le savoir-faire.

───────── Définition ─────────

Notons que le terme **compétence** est pris ici au sens large, incluant les aspects relationnels liés à l'activité déléguée : établir des contacts dans le périmètre du secteur, ou
avec d'autres secteurs de l'entreprise, ou encore avec des partenaires extérieurs. Ce
terme englobe également les capacités méthodologiques (observation, analyse,
synthèse, attitude face à la complexité, etc.) nécessaires pour résoudre des problèmes
plus ou moins définissables au moment où la mission est confiée.

© Éditions d'Organisation

Il vous faut également tenir compte de la nature des activités et des circonstances : difficultés techniques, nouveauté des tâches, risques liés à l'opération, délai, etc. Si vous avez à réaliser un nouveau produit faisant appel à une nouvelle technique pour un client important, mieux vaut en confier la réalisation à un collaborateur expérimenté et sûr à tous points de vue. Mais il est tout de même préférable que vous en suiviez vous-même la réalisation pas à pas. Ce n'est qu'ensuite qu'il vous sera possible d'élargir le champ de la délégation pour cette activité.

Très schématiquement, disons que vous avez le choix entre trois principaux modes :

	Le délégataire par rapport à une tâche donnée : situation de départ		
	Très peu compétent Peu motivé Débutant	Peu compétent Motivé Peu expérimenté	Compétent Motivé Expérimenté
Mode de délégation correspondant	Rênes courtes Faire des points fréquents	Rênes moyennes Coaching Conseils pédagogiques	Rênes longues, mais ne pas omettre de faire le point
Degré possible de délégation	Délégation limitée au niveau I : choix (guidé) de la méthode	Possibilité de maîtriser le niveau I, puis d'atteindre le niveau 2 de la délégation : choix des moyens puis de la méthode dans une enveloppe budgétaire déterminée	Possibilité d'atteindre les niveaux 3 et 4 de la délégation, jusqu'à la détermination interactive des objectifs en fonction de buts de niveau supérieur
Danger à éviter	Risque d'étouffer le délégataire en le maintenant longtemps dans cette situation	Gare au temps à investir par le manager formateur !	Attention à la délégation abandon !

Schéma 14 • Les trois modes de la délégation différenciée

Avec une délégation étroite, les contrôles sont très serrés, fréquents, voire inopinés. À mesure de l'élargissement du champ de la délégation et de l'initiative, les contrôles deviennent moins fréquents et font l'objet d'un calendrier convenu dès le lancement de l'action.

Style visé et style réel de délégation

Chaque manager possède un style personnel. Une représentation graphique pourrait mettre en évidence le dosage qu'il vise entre les trois modes de délégation (voir schéma 15).

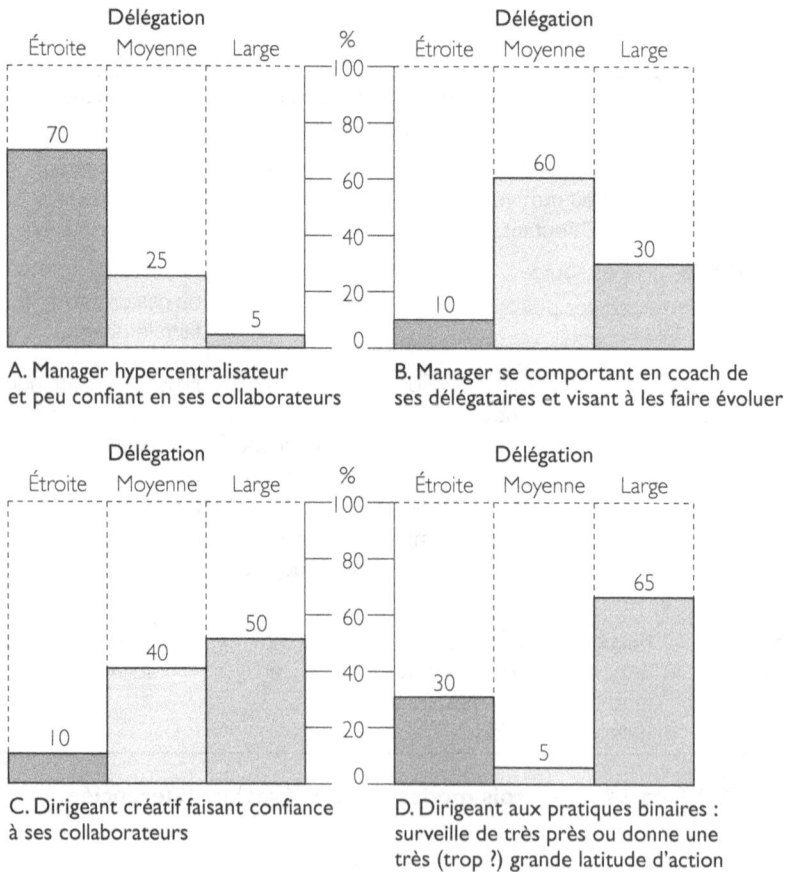

Délégation
Étroite   Moyenne   Large

70

25

5

A. Manager hypercentralisateur
et peu confiant en ses collaborateurs

Délégation
Étroite   Moyenne   Large

60

30

10

B. Manager se comportant en coach de
ses délégataires et visant à les faire évoluer

Délégation
Étroite   Moyenne   Large

50

40

10

C. Dirigeant créatif faisant confiance
à ses collaborateurs

Délégation
Étroite   Moyenne   Large

65

30

5

D. Dirigeant aux pratiques binaires :
surveille de très près ou donne une
très (trop ?) grande latitude d'action

Schéma 15 • Le style du délégateur

Notons, en particulier chez le manager animé par la volonté de déléguer largement, que les comportements réels diffèrent souvent du style visé.

Supposons un manager adepte d'un *style ouvert* qui prend la tête d'un secteur où régnait auparavant un « dictateur ». Il faudra nécessairement un temps plus ou moins long d'adaptation pour que ses collaborateurs s'habituent à des méthodes de management qui, dans un premier temps, risquent de les déconcerter et même de leur paraître suspectes : « Qu'est-ce qui peut bien se cacher derrière tout ça ? » Ils seront d'autant plus enclins à se méfier s'il ont été piégés par un hiérarchique qui leur a fait le coup de la fausse délégation : il leur a donné tout d'un coup une grande marge de manœuvre… afin de mieux démontrer que la délégation, ça ne marche pas !

D'autres éléments sont à prendre en considération pour ouvrir progressivement le champ aux initiatives de vos subordonnés. Notons en particulier :

• le degré de confiance en vous : si vous avez tendance à être anxieux quand vous déléguez une activité, allez-y doucement et dites-vous bien que la pratique du management délégatif repose sur un apprentissage qui met en jeu tant le délégataire que le délégateur, avec de fines interactions entre les deux. La confiance réciproque vient en marchant ensemble ;

• à moins d'occuper le sommet de la pyramide hiérarchique, souvenez-vous que vous n'êtes pas seul à influer sur les méthodes de management de votre secteur et qu'il vous faut composer avec le style général de l'entreprise et, plus précisément encore, avec celui de votre n + 1.

Enfin, soyez persévérant : en matière de management comme ailleurs, la progression n'est jamais achevée. C'est dans le cheminement vers le but — ici le style de délégation visé — que les progrès se réalisent jour après jour.

Faisons le point sur la règle 1

Déterminer ce qui est à conserver en propre et ce qui est à déléguer	Tenir compte des spécificités de son poste : • équilibrer ce qui ressortit à la technique et au management • plus on s'élève dans la hiérarchie, plus s'accroît le poids des activités managériales Ce qu'il ne faut pas déléguer : • la prise en charge des difficultés majeures • la gestion des événements exceptionnels • les arbitrages et les communications désagréables • les relations délicates avec les autres secteurs de l'entreprise • l'organisation du secteur et de l'équipe • l'animation de l'équipe, le pilotage et le contrôle des activités • les relations avec son n + 1 • ce qui revêt un caractère confidentiel Ce qu'il faut déléguer : • tout ce qui empêche de se concentrer sur l'essentiel • ce qu'un collaborateur fait aussi bien ou mieux que soi • ce qui permet d'élever la qualification des collaborateurs • les tâches préparatoires des travaux de synthèse Trois méthodes pour faire le tri : • distinguer l'important de l'urgent • repérer le 80/20 de ses activités • faire son examen de conscience : évacuer les tâches de type alibi
Choisir l'amplitude de la délégation	Niveau 0 : stricte exécution Niveau 1 : choix de la méthode de travail Niveau 2 : choix des moyens Niveau 3 : détermination interactive du budget Niveau 4 : détermination interactive des objectifs
Adapter son style de délégation	Prendre en considération chez son délégataire : • ses qualités personnelles : maturité, sang-froid, sens des responsabilités • sa motivation pour l'activité à effectuer • ses compétences (au sens large), son adaptabilité, son expérience Tenir compte de la nature des activités, des circonstances et du style général de management : • difficultés techniques, nouveauté des tâches • risques liés à l'opération • modes de management de l'entreprise, dont ceux de son n + 1 .../...

...../....

Adapter son style de délégation	Ouvrir progressivement le champ de la délégation pour tendre vers le style visé Trois modes de délégation à doser : • délégation étroite : niveau 1 avec prudence • délégation moyenne : niveau 1 largement atteint + niveau 2 • délégation large : niveaux 3 et 4 en plus des précédents

Et vous-même, où en êtes-vous ?

Nous vous proposons de vous attribuer une note de zéro à dix points (la note la plus basse est 0 et la plus forte est 10) pour chacune des affirmations suivantes :

		Note attribuée ▼
1	J'ai clairement établi ce que je dois assurer en propre par rapport aux spécificités de ma fonction	
2	Je me suis dégagé des **tâches mineures** pour me centrer sur ma fonction	
3	Pour déléguer plus ou moins largement, je prends en compte les qualités personnelles de mon délégataire (maturité, autonomie, sang-froid, sens des responsabilités, etc.)	
4	Je tiens compte de la **motivation** de mon collaborateur pour lui ouvrir plus ou moins le champ de la délégation	
5	J'ouvre le champ d'initiative de mon délégataire en prenant en considération ses **compétences** (au sens large, dont son adaptabilité, son expérience, etc.)	
6	J'intègre les **difficultés des activités** et la **nouveauté des tâches** pour choisir le type de ma délégation	
7	Selon les **risques liés à une activité**, je délègue plus ou moins largement	
8	**De manière générale, j'adapte mon mode de délégation** en fonction des personnes, des activités et des circonstances	
9	**J'adapte mes méthodes de contrôle** en fonction du mode de délégation : contrôles fréquents quand je délègue sur le mode étroit, contrôles plus espacés à la mesure de l'initiative attribuée	
10	J'agis avec **progressivité** pour élargir le champ d'initiative de chaque délégataire, en fonction de ses caractéristiques propres	
	Total obtenu sur 100 points possibles :	
	En prendre le dixième pour obtenir la note sur dix :	

À présent, veuillez reporter la note obtenue sur le diagramme récapitulatif situé à la fin de la deuxième partie, page 151. Qu'en pensez-vous, notamment par comparaison avec l'estimation globale que vous avez réalisée en introduction de cette deuxième partie ?

Chapitre 2

Règle 2 :
Bien connaître chacun
de ses collaborateurs directs

Après avoir étudié cette deuxième règle d'or, ayant admis la nécessité de ne pas attribuer à autrui vos propres motivations, vous saurez *distinguer chez chacun de vos délégataires ce qui, dans son cas, favorise la délégation* et mettre à profit les circonstances de la vie professionnelle pour réaliser vos observations.

Autrui est un autre

Il n'est pas courant de percevoir autrui tel qu'il est et de l'apprécier à sa juste valeur. Deux types de dérives se rencontrent fréquemment : la tendance à se projeter sur les personnes de son entourage et les préjugés portés sur elles.

Celui qui se projette sur autrui lui attribue ses propres sentiments et suppose qu'il est animé par une motivation semblable à la sienne. Ce phénomène est courant chez les cadres dynamiques et ambitieux qui débutent dans le management : ils transfèrent sur leurs collaborateurs leurs propres attitudes face au travail. Ils se figurent que, tout comme eux, ceux-ci possèdent une forte ambition et un vif intérêt pour les activités professionnelles. C'est probablement vrai pour certains, mais il est peu probable que l'on puisse généraliser. Tous les salariés ne possèdent pas au même degré le goût de l'engagement personnel dans les activités professionnelles et le sens de l'initiative. Pour beaucoup, « le travail reste une obligation imposée par la nécessité et qui laisse peu de place pour la réalisation de soi [1]. » De plus, même s'ils avaient la volonté de s'engager intensément, tous ne possèdent pas la maturité et les compétences nécessaires pour assumer des responsabilités importantes.

Les préjugés constituent un autre obstacle, et non des moindres, à la perception la plus juste possible d'autrui. Pour un cadre monté du rang à la force du poignet, ce peut être considérer que les jeunes diplômés n'ont pas les pieds sur terre. Un autre aura tendance à sous-estimer les travailleurs dits « manuels », oubliant que, pour être accomplis correctement, les gestes professionnels s'appuient sur des connaissances précises et demandent des formes d'intelligences certes différentes des capacités d'abstraction des travailleurs intellectuels, mais tout de même bien réelles. La liste serait longue des catégories dans lesquelles chacun se trouve un jour ou l'autre catalogué — les femmes, les jeunes, les étrangers, les nouveaux, les anciens, ceux du siège social, les comptables, les informaticiens, les ingénieurs, etc. — avec attribution *a priori* de caractéristiques soi-disant généralisables. Notons que, s'ils conduisent le plus souvent à sous-évaluer les compétences d'un individu, les préjugés peuvent tout autant fausser le jugement dans l'autre sens, en créditant cet individu de qualités qu'il n'a pas, ou qu'il possède à un degré inférieur à ce qui lui est indûment attribué.

Positifs ou négatifs, les préjugés représentent une gêne pour connaître le mieux possible chaque délégataire et mettre en pratique la délégation différenciée.

La projection sur autrui et les préjugés ont une même origine : la centration sur l'ego, soit pour attribuer à autrui nos propres qualités, soit pour le mettre et le tenir à distance par la pensée. Il faut donc maîtriser le mieux possible ce penchant naturel, qui fausse les appréciations par des survalorisations ou des sous-estimations, et qui empêche le manager de saisir les caractéristiques humaines et professionnelles de ses délégataires. Cela demande à la fois de la lucidité et des efforts : n'avons-nous pas tendance à nous prendre pour le centre du monde ?

---

1. Source : revue *Esprit*, octobre 2002, article de Pierre-David LABANI se référant à une enquête de la CFDT auprès de 10 000 salariés.

Accepter autrui dans sa spécificité individuelle, sans le mépriser, sans le survaluer, en le prenant tel qu'il est, permet de saisir ses traits de personnalité. Selon les circonstances et les buts visés, ces caractéristiques peuvent apparaître comme des qualités ou comme des défauts. Tel collaborateur extrêmement pointilleux risque d'exaspérer son entourage aux moments où l'urgence prime, alors qu'il se révèle particulièrement précieux quand il s'agit de ne pas omettre le plus petit détail.

Il incombe au manager de cultiver les qualités qu'il observe chez chacun de ses délégataires, en veillant à se décentrer de lui-même. Gare à la tendance à vouloir façonner des disciples par rapport à un but idéal poursuivi par soi-même et reporté sur quelqu'un de plus jeune ! On ne façonne pas autrui, on ne peut que l'inciter et l'aider à développer ses potentialités, si toutefois il y consent.

Prenez appui sur l'analyse stratégique des comportements

Vous qui exercez des activités managériales, vous devez vous montrer curieux de l'univers humain, chercher à le comprendre dans son infinie richesse : c'est là un exercice extrêmement intéressant. Il vous permettra de saisir, le plus justement possible, les motivations de vos collaborateurs, c'est-à-dire leurs motifs d'action : qu'est-ce qui fait agir un individu donné ? À quoi se montre-t-il indifférent ? Que cherche-t-il à éviter ? Quand il sera livré à lui-même et qu'il disposera d'une marge d'initiative — en position de délégataire pour ce qui nous intéresse —, quels vont être ses penchants personnels ? À quoi accordera-t-il tout naturellement, comme inconsciemment, la priorité de son attention, de ses réflexions, de ses efforts ?

On pourrait qualifier ce questionnement de superflu : n'avez-vous pas défini un objectif à votre délégataire en termes de résultats à atteindre ? Ne lui avez-vous pas précisé la nature et les limites de la délégation, ainsi que la périodicité et les modalités de contrôle ? Les choses ne sont-elles pas suffisamment claires comme ça ? Elles pourraient être considérées comme telles si nous nous en tenions aux anciennes conceptions de la motivation humaine en situation professionnelle.

L'évolution des conceptions de la motivation

Auparavant, il était implicitement considéré que le salarié n'avait pas de stratégie individuelle. Cela allait de soi dans l'entreprise paternaliste qui réalisait l'intégration complète de son personnel, du plus jeune âge jusqu'à la vieillesse : c'était agir comme si les personnes dont elle avait besoin constituaient des sous-ensembles d'elle-même. À présent, alors que se banalisent les réductions massives et systématiques d'effectifs, le salarié n'a plus la même position par rapport à l'entreprise. Au pire, le travail n'est qu'une obligation permettant de gagner un salaire ; c'est le cas pour la plupart des travailleurs non qualifiés. Au mieux, il constitue un élément parmi d'autres dans la stratégie du salarié sur son parcours personnel et professionnel.

Une intersection plus ou moins importante et plus ou moins durable se forme entre deux trajectoires stratégiques, tendue chacune vers des buts spécifiques (voir schéma 16).

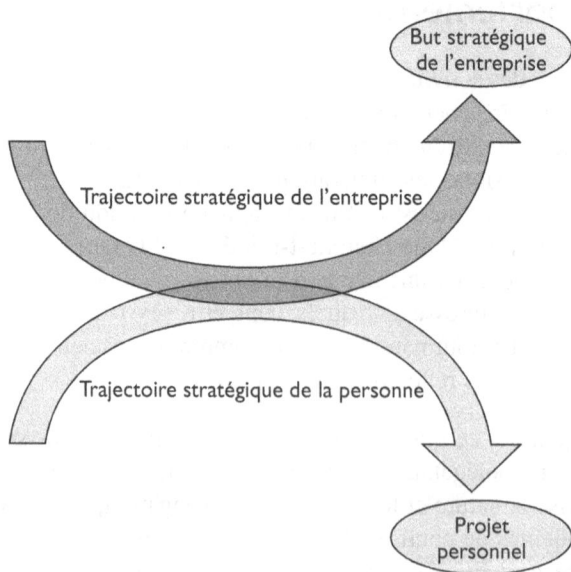

But stratégique de l'entreprise

Trajectoire stratégique de l'entreprise

Trajectoire stratégique de la personne

Projet personnel

Schéma 16 • Stratégie d'entreprise et stratégie de la personne

La conception humaine de la motivation

Admettre que le salarié agit selon une stratégie personnelle modifie considérablement le regard sur les comportements individuels. Il n'est plus question de s'inspirer, de près ou de loin, des méthodes qui permettent de dresser un animal dans le sens voulu par l'expérimentateur au moyen de stimulus et de renforcements positifs et négatifs appropriés (récompenses, punitions).

Définition

La **conception humaine de la motivation** reconnaît la **primauté de la satisfaction personnelle** que le sujet éprouve dans l'atteinte des buts qu'il s'est lui-même assignés : « C'est en fonction de cette correspondance qu'un même résultat objectif sera éprouvé comme un succès ou un échec et aura l'effet d'un renforcement positif ou négatif [2]. » Cela ne signifie pas que la personne se montre indifférente aux compliments ou aux remarques négatives de son entourage, en particulier dans ses rapports avec son manager. Cela veut dire que ses principaux motifs d'action sont liées à ses propres visées, à ses attentes personnelles. Elle ne se lancera avec détermination dans une action que si deux conditions sont remplies à ses yeux : y trouver son propre intérêt et estimer suffisantes ses chances de réussite.

Les attentes, les choix préférentiels prennent la forme d'objectifs que l'intéressé n'affiche pas forcément ouvertement. En voici quelques exemples sur le plan professionnel :

- se faire reconnaître comme spécialiste sur un créneau donné ou, à l'opposé, comme généraliste dans un large domaine ;

- se conduire en défenseur d'une cause à travers toutes ses activités, par exemple la protection de l'environnement naturel ;

- exercer un pouvoir hiérarchique sur un territoire de plus en plus étendu ;

- diriger temporairement un groupe de personnes (groupe de projet, cercle de qualité, etc.) ;

- avoir un pouvoir d'influence en tant que fonctionnel, par exemple dans des activités d'organisation interne ou de contrôle de gestion ;

---

2. Joseph Nuttin, *Théorie de la motivation humaine*, Presses Universitaires de France, 1991.

- aborder fréquemment du nouveau, créer, innover sans cesse ou, *a contrario*, se consacrer sur une très longue période à une même réalisation ;

- voyager fréquemment, entrer en contact avec des gens nouveaux, ou bien s'en tenir à son milieu familier.

À des degrés divers et sous des formes différentes selon les individus, se conjugue à ces priorités d'action la volonté de préparer son avenir professionnel : amélioration des connaissances techniques, des compétences en management et en gestion ; entraînement à la pratique des langues étrangères ; enrichissement du carnet d'adresses, etc.

La trajectoire stratégique de l'entreprise ne rencontre pas seulement celle des objectifs professionnels de l'individu : l'intersection s'établit avec l'ensemble de ses visées. Tout ce qui le contraint ou l'anime sur le plan privé et familial interfère dans ses comportements au travail. Celui qui a de gros besoins financiers ou qui est en charge d'une famille nombreuse infléchit le plus souvent ses choix professionnels d'une façon très différente de celui qui, ne connaissant pas de telles contraintes, peut préférer disposer de temps pour s'adonner à un violon d'Ingres.

De même que la volonté stratégique se montre plus ou moins intense chez les dirigeants d'entreprise, on observe chez les salariés des différences dans la force d'orientation de leur trajectoire personnelle. L'un des paramètres significatifs de cette stratégie est l'équilibre visé entre l'implication dans le travail et la préservation de la vie personnelle.

Quelques statistiques

D'un sondage réalisé en 2001 par l'Institut CSA pour la CFDT-Cadres, il ressort que 52 % des cadres interrogés disent s'impliquer beaucoup dans le travail, quitte à empiéter de temps en temps sur leur vie personnelle. Quelques-uns (6 %) font passer le travail avant leur vie personnelle. Autre tendance, environ quatre sur dix s'y engagent « sans excès » (8 %) ou en veillant à ne pas toucher l'essentiel de leur vie personnelle (33 %). Rappelons qu'il s'agit de cadres : il est certain que les résultats différeraient sensiblement avec des agents de maîtrise, des employés ou des ouvriers.

Quelle influence sur votre situation de délégation ?

En quoi les facteurs qui viennent d'être passés en revue influencent-ils vos comportements en situation de délégation et comment en tenir compte pour adapter la nature et l'ouverture de votre délégation dans une situation donnée ? Avant d'attribuer une aire d'initiative à l'un de vos collaborateur, il vaut mieux vous demander en quoi ses visées propres, tant professionnelles que personnelles, risquent d'interférer avec sa mission : y a-t-il harmonie ou contradiction entre ses penchants naturels et ce qu'il lui est demandé de faire ?

Examinons la situation de tension, voire de contradiction entre la mission définie et les visées du collaborateur. Quand il s'agit par exemple de travaux demandant peu d'innovation, avec un délai relativement réduit, mieux vaut ne pas lancer dessus un créatif toujours prêt à innover largement. Et si ce créatif est le seul disponible à ce moment-là ? Alors lançons-le, mais prenons des précautions : attribuons-lui une aire d'évolution nettement moins large que sur les missions qui correspondent à ses penchants.

Autre exemple de facteur tendant à limiter les possibilités de déléguer : la faible implication d'un salarié dans le travail, qui peut le conduire à ne pas s'embarrasser avec les responsabilités et les soucis inhérents à un engagement dans une zone d'initiative, et encore moins avec les risques de débordement de ses horaires. À lui aussi, il faut tracer le cheminement de manière beaucoup plus serrée qu'au collaborateur désireux d'avoir des marges d'initiative et prêt à prendre en charge tout ce qui va avec un espace de liberté. Dans de tels cas, même si cela ne correspond pas à votre conception du management, vous serez amené à réduire considérablement la marge d'initiative que vous attribuez à votre délégataire. À l'extrême, vous pouvez même ne plus avoir d'autre choix que la coercition : il vous faut alors vous en tenir au niveau 0 de la délégation.

Quand il existe une forte convergence entre d'une part les visées personnelles et professionnelles du salarié et d'autre part les buts généraux qui lui sont définis par rapport à la stratégie d'entreprise, il devient possible au manager d'ouvrir largement le champ de la délégation. Il lui faut évidemment tenir compte de la compétence technique, de l'expérience et de la maturité de son délégataire : dans le meilleur des cas, on peut accéder au niveau 4 de la délégation, celui où les objectifs du délégataire sont définis de manière interactive. Dans cette situation, *l'intention contributive* du salarié [3] sera forte et le guidera pour réaliser les bons choix du quoi et du comment (autrement dit le choix de la tâche à réaliser et de la façon d'exécuter cette tâche). Nous rejoignons la *Théorie de la motivation humaine* de Joseph Nuttin (voir note 2 page 65) : la motivation est à son maximum quand la personne a la possibilité de définir ses propres objectifs. À ce stade les deux parties sont gagnantes : le délégataire y trouve son compte par rapport à son projet personnel et l'entreprise bénéficie de l'intensité de son engagement dans ses activités. Cette situation est la meilleure pour la qualité des prestations, car, précise Joseph Nuttin, « le travail motivé de façon intrinsèque s'accompagne d'une satisfaction profonde et la qualité du travail fourni est généralement supérieure [4] ».

Entre les deux situations extrêmes (absence de convergence et convergence totale entre les trajectoires stratégiques) se rencontre toute une gamme de cas de figure (voir schéma 17).

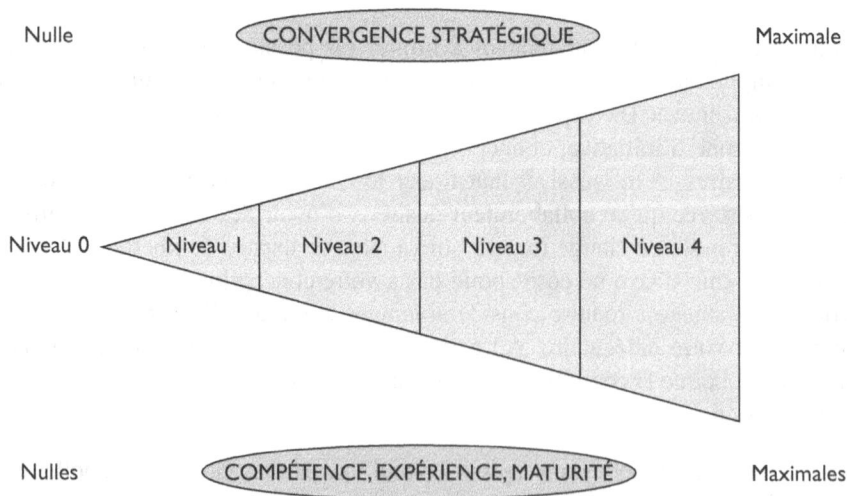

Nulle — CONVERGENCE STRATÉGIQUE — Maximale

Niveau 0 — Niveau 1 — Niveau 2 — Niveau 3 — Niveau 4

Nulles — COMPÉTENCE, EXPÉRIENCE, MATURITÉ — Maximales

Schéma 17 • Influences de la convergence stratégique sur la délégation

---

3. Stéphanie Savel, Jean-Pierre Gauthier, ouvrage cité en note 1 (page 47).
4. Joseph Nuttin, ouvrage cité en note 2 (page 65).

Notons que ce qui est observé à un instant donné pourra être remis en question, progressivement ou brusquement, par des changements ou des mutations, dans les visées stratégiques de l'entreprise comme dans celles du salarié. Rien n'est définitif, surtout de nos jours, en particulier quand il s'agit de subtiles interactions entre des visées sur un futur qui se révèle de plus en plus incertain.

Apprenez à connaître vos collaborateurs

Les approches utiles

Si vous vous efforcez de cerner la personnalité de vos délégataires, nombreuses sont les approches utilisables. En voici quelques exemples :

Largeur du champ de conscience	Étroit, il prédispose à l'analyse et à la concentration sur les détails
	Large, il correspond à des missions de grande amplitude et à des activités de synthèse
Horizon temporel de référence	Si l'individu se projette peu dans le futur, il tend à se concentrer en permanence sur ses actions immédiates
	Dans le cas contraire, il est plus à même de s'intéresser au moyen et long terme
Ouverture à autrui	L'extraverti aime communiquer, parfois à l'excès, au détriment de sa concentration
	L'introverti entre moins spontanément en contact avec le monde extérieur, préférant se concentrer sur ses tâches
Prise de risques	Selon sa propension à prendre des risques, l'individu est plus ou moins enclin à s'engager dans une mission qui comporte des incertitudes
Prise de décision	La personne a-t-elle tendance à trancher rapidement ?
	Ou bien à peser longuement (parfois trop) l'ensemble des éléments à prendre en considération avant de prendre position ?

Vous pouvez également repérer chez autrui son degré d'optimisme ou de pessimisme, sa maturité (de la dépendance à l'autonomie adulte), ou encore sa stabilité émotionnelle.

Certaines approches inspirées de la psychologie, par exemple celles de *Maslow*, permettent de saisir d'autres lignes de force :

Besoins dominants du collaborateur	Influences sur ses comportements de délégataire
Besoins physiologiques	N'est intéressé que par la paie et les primes éventuelles
Sécurité	Se mouille le moins possible, hésite à s'engager sur des voies nouvelles, propose peu d'innovations
Appartenance	Évite de faire des vagues et de se mettre en avant par rapport à ses collègues
Reconnaissance	Considère que prendre une délégation est l'occasion de se faire remarquer ; mais gare aux électrons libres !
Réalisation de soi	Accepte volontiers la délégation, fait des suggestions et n'hésite pas à prendre des initiatives

Vous pouvez encore vous référer à *l'analyse transactionnelle* [5], qui considère, chez une même personne, trois composantes de la personnalité, trois états du moi : le Parent, l'Adulte, l'Enfant. En voici les caractéristiques :

Parent	Ce qui est appris	Correspond aux valeurs, recettes et normes enregistrées plus ou moins consciemment depuis l'enfance
Adulte	Ce qui est pensé	Recueille et traite les informations avec objectivité et rigueur
Enfant	Ce qui est senti et ressenti	Niveau des réflexes, des sensations, des émotions, des intuitions

---

5.   Alain Cardon, Vincent Lenhardt, Pierre Nicolas, *L'analyse transactionnelle, outil de communication et d'évolution*, Éditions d'Organisation, Paris, 1997.

À grands traits, voici quelques correspondances entre les caractéristiques mises en lumière par l'analyse transactionnelle et les comportements de délégataire :

État du moi dominant chez le collaborateur	Influences sur ses comportements de délégataire
Parent	Fait montre de prudence quand il reçoit une délégation Ne comprend pas très bien pourquoi son manager ne se montre pas plus autoritaire N'aime pas sortir des sentiers battus, répugne à devoir innover
Adulte	Est preneur de délégation en fonction de l'intérêt personnel qu'il y voit : c'est avant tout un réaliste
Enfant adapté (soumis/rebelle)	Peu apte à recevoir la délégation
Enfant naturel	Cette dominante prédispose à prendre des risques et à s'engager avec optimisme dans la nouveauté L'enfant naturel tend à déborder de l'aire d'initiative qui lui est attribuée

Il vous revient de choisir la grille de lecture qui vous paraît la plus parlante. Il ne vous est d'ailleurs pas interdit de recouper plusieurs angles d'observation. Par exemple, quand domine l'Enfant adapté (soumis/rebelle) selon les éclairages de l'analyse transactionnelle, vous ne devez pas vous étonner que la personne observée n'ait pas atteint le stade de l'autonomie et qu'elle en soit à celui de la dépendance ou de la contre-dépendance.

L'important est que vous soyez attentif à autrui et même curieux (sans aller jusqu'à la curiosité malsaine) afin de vous comporter en délégateur efficace. À l'aide de votre intuition et de vos approches préférentielles (Maslow, analyse transactionnelle, stades d'évolution de la dépendance à l'autonomie, etc.), efforcez-vous de repérer chez chacun de vos collaborateurs les facteurs favorables à la délégation de ceux qui la rendent difficile, et même, à l'extrême, totalement impossible.

Les facteurs favorables à la délégation

Voici une liste des principaux facteurs favorables à la délégation à observer chez vos collaborateurs :

- Convergence stratégie personnelle/stratégie d'entreprise
- Désir de se développer professionnellement, besoin de réalisation de soi
- Optimisme mesuré face aux difficultés
- Sens des responsabilités
- Honnêteté intellectuelle, bonne foi
- Courage pour proposer et soutenir ses suggestions
- Dynamisme, tonicité, persévérance
- Autonomie
- Maturité
- Compétences techniques par rapport à l'activité
- Expérience
- Initiative
- Prise de décisions
- Pragmatisme
- Prise de risques mesurée
- Gestion de son temps
- Hiérarchisation des priorités
- Organisation, méthode, résolution de problèmes
- Réalisme économique
- Auto-contrôle des activités

D'autres facteurs, importants eux aussi, dépendent de la nature de chacune des activités à déléguer. Il importe de viser la meilleure adéquation possible entre les caractéristiques de la tâche et les aptitudes de votre délégataire. Par exemple :

- le sens de l'analyse ou de la synthèse, ou bien les deux selon les tâches ;
- le sens de l'innovation, l'imagination, la créativité, la curiosité et l'intérêt spontané pour les nouveautés, ou, inversement, la résistance à la monotonie ;
- une vision positive d'autrui, de bons contacts humains ;
- le besoin de bouger, de se déplacer fréquemment ;

- la résistance au stress, le sang-froid ;
- le travail en équipe ou, *a contrario*, la résistance à la solitude, à l'isolement ;
- l'aptitude à communiquer oralement et/ou par écrit ;
- la capacité de négocier.

Au plan collectif, toujours en fonction de ce qui est à réaliser, il est utile de repérer les aptitudes à travailler en groupe et de tenir compte des affinités entre vos délégataires, afin de constituer des groupes le plus productifs possible. L'identification des « locomotives » naturelles, qui pourront en assurer le leadership, se révèle également extrêmement précieuse.

Si vous devez déléguer à un n - 1, lui-même en charge d'une équipe, vous devez encore tenir compte d'autres facteurs qui vous permettent d'ouvrir plus ou moins largement l'aire d'autonomie de votre délégataire. En voici quelques-uns :

- l'ouverture à autrui, l'écoute des collaborateurs ;
- le courage de dire des vérités désagréables et de faire des reproches ;
- la gestion des conflits ;
- le sens de la pédagogie ;
- la planification des activités ;
- la gestion budgétaire.

L'amplitude de la délégation donnée à votre collaborateur se traduit par exemple dans la pratique des entretiens annuels d'évaluation-évolution, soit en lui laissant le soin de les assurer seul s'il en est jugé capable, soit en les conduisant avec lui tant qu'il n'a pas acquis l'expérience, la maturité et le savoir-faire requis.

Comment vous y prendre concrètement

Il n'est guère de recette universelle pour connaître autrui. Cette recherche peut se révéler particulièrement délicate quand il s'agit de collaborateurs directs, surtout dans les périodes où l'entreprise traverse des zones de turbulences. Chacun se préserve du mieux qu'il peut et cherche à se révéler sous son meilleur jour par rapport à ce qu'il croit qu'on attend de lui. Il faut pourtant que vous saisissiez, le mieux possible, les aptitudes de vos collaborateurs, leurs limites, leurs aspirations, leurs potentialités, bref, tout ce qui vient d'être passé en revue.

Au quotidien

Certaines circonstances se prêtent plus particulièrement à l'observation de votre délégataire :

- Vous avez tout loisir de l'observer en direct *quand il travaille en tête-à-tête* avec vous pour préparer un programme ou un budget, chercher des solutions à un problème, régler un litige, etc.

- Les *réunions* avec votre équipe vous offrent un autre terrain d'observation, en situation de travail en groupe dans ce cas.

- Les occasions ne manquent généralement pas de le voir agir sur *son territoire*. Si elles ne se présentent pas spontanément, il vous est toujours possible de mettre ou de remettre en pratique ce procédé en vogue il y a quelques années : le management « baladeur [6] ». Il constitue un excellent moyen pour se rendre compte sur place de la manière dont agissent vos collaborateurs, avoir un aperçu de leur ambiance de travail et prêter l'oreille à leurs questions, leurs remarques, leurs suggestions.

- Les *repas* pris ensemble et les moments de détente (par exemple, la pause-café) permettent de se côtoyer d'une autre manière que durant les périodes d'activité, mais cela peut n'être que superficiel.

- Les *déplacements,* encore plus quand ils se font à deux, créent une atmosphère particulière et favorisent les échanges sur le plan personnel. C'est l'occasion d'avoir un aperçu des goûts de celui qui devient votre compagnon de voyage, de ses violons d'Ingres, de ses activités extra-professionnelles. Ce peut être dans ces moments de relative intimité qu'il vous dira ce qu'il n'ose pas exprimer en temps ordinaire.

- Vous pouvez encore participer, avec un ou plusieurs de vos délégataires, à une *session de formation* : très fréquemment, à la fin des séminaires, les participants disent en avoir profité pour mieux se connaître.

---

6. Le management « baladeur » consiste à se promener régulièrement parmi ses collaborateurs, à se déplacer sur leur propre lieu de travail.

D'autres moments privilégiés

N'oubliez pas *l'entretien annuel d'évaluation-évolution*. Bien conduit, il constitue un moment privilégié des relations avec votre collaborateur pour analyser ses résultats, ses activités, ses méthodes, et préparer avec lui les orientations des périodes à venir, en tenant compte le mieux possible de ses aspirations, de sa stratégie.

N'attendez pas ce rendez-vous pour lui faire part de vos appréciations tout au long de l'année, en particulier quand vous êtes le destinataire de ses travaux : ce sont des occasions pour parler avec lui de ses méthodes de travail, de la manière dont il affronte les difficultés, de ses activités préférées, etc.

Vous pouvez encore utiliser les informations fournies par des tests effectués au moment de son embauche, parfois lors d'un changement de poste, en prenant toutefois garde à ne pas l'enfermer dans un arrêt sur image à un instant *t* de sa carrière : il a probablement évolué depuis. Autre document qui pourrait vous être précieux, à condition que votre collaborateur vous l'ait communiqué : son bilan de compétences.

Et la porte ouverte en permanence ? Là-dessus, les avis sont partagés. Pour les uns, le fait de laisser sa porte grande ouverte facilite les contacts avec son entourage, dont ses délégataires. Selon d'autres, pour qui cela crée une situation mi-figue mi-raisin, mieux vaut s'en tenir à un nombre limité de contacts, mais avec une véritable écoute [7].

Quelles que soient les solutions que vous retenez et les situations que vous mettez à profit, dites-vous bien que l'écoute et la disponibilité sont les clés de la connaissance d'autrui. Le plus souvent, les informations les plus intéressantes surviennent au moment où nous ne les sollicitons pas : l'important est de se montrer prêt à la surprise, de ne pas enfermer autrui dans des schémas préétablis. Bien sûr, tout ce que nous vous recommandons demande un investissement de temps et d'attention, mais vous en aurez largement le retour par l'accroissement de l'autonomie de vos collaborateurs.

---

7. Pierre Blanc-Sahnoun, « Fermez votre porte ! », *Le Figaro Entreprises*, 22 octobre 2001.

© Éditions d'Organisation

N'omettez pas de relativiser et de recouper les informations que vous glanez, car elles sont souvent biaisées :

- du fait de votre présence quand vous les captez directement (l'observateur modifie les comportements des personnes qui se savent observées) ;

- à travers la subjectivité de ceux qui vous parlent de votre délégataire, dont certains peuvent avoir intérêt à lui nuire ou, à l'inverse, à le survaloriser (ce dernier cas de figure est plutôt rare, mais cela peut arriver !).

Vous devez cerner le mieux possible les traits de personnalité qui sous-tendent les comportements professionnels de votre délégataire, mais il vous faut admettre que vous ne le connaîtrez jamais totalement. Humainement parlant, n'est-ce pas mieux ainsi ? Avoir la possibilité de le scruter jusqu'au tréfonds de son être, ne serait-ce pas une sorte de viol de sa personnalité ? Pourriez-vous admettre vous-même d'être traité de la sorte ?

Attendez-vous donc à ce qu'autrui masque plus ou moins ses intentions, sa stratégie. Comme l'ont montré les spécialistes de l'analyse stratégique des comportements (Crozier, Friedberg), il y a nécessairement une part de non-dit dans les relations professionnelles : une zone d'incertitude est à la base des relations humaines, de toute situation de négociation sous-tendue par des jeux de pouvoir. Demander à quelqu'un de prendre une délégation et de l'assumer vraiment est, ne le perdons pas de vue, assimilable à une situation de négociation et de jeu de pouvoir. Finalement, toujours selon les spécialistes de l'analyse stratégique des comportements, *le pouvoir appartient à celui qui accepte d'obéir*. Il ne dit pas tout, il ne se découvre pas totalement, il limite les « prises » possibles et reste discret sur les leviers de ses motifs d'action, qui constituent les ressorts de sa motivation. Leur mise à jour permettrait en effet à son entourage (son manager, mais aussi ses collègues) de le faire agir, de le mettre en action, tel un pantin, dans le sens qu'ils désireraient. Vous seriez bien avancé de vous retrouver à la tête d'une armée de pantins ! Ce qui fait la richesse d'une entreprise, d'une équipe, ce sont les êtres humains qui la constituent et lui donnent vie, chacun d'entre eux étant différent des autres. L'art du management, notamment par la mise en œuvre de la délégation, c'est justement de faire en sorte que l'efficacité ne soit pas obtenue *malgré* la diversité humaine, mais bien *grâce à* la richesse des comportements, à leur imprévisibilité même, à l'imagination et aux initiatives des personnes qui font l'entreprise.

Faisons le point sur la règle 2

Autrui est un autre et il a ses propres visées	Accepter autrui dans sa spécificité individuelle : • ne pas lui attribuer ses propres visées • gare aux préjugés tant défavorables que favorables Primauté de la satisfaction dans l'atteinte des buts qu'une personne s'est elle-même définis : • quels sont ses principaux motifs d'action, sa motivation ? • quel équilibre vise-t-elle entre vie professionnelle et vie personnelle ? • quelles sont ses buts professionnels ? • comment se recoupent sa stratégie personnelle et la stratégie de l'entreprise ?
Que faut-il observer chez son délégataire	Les facteurs généraux favorables à la délégation : • convergence stratégie personnelle / stratégie d'entreprise • besoin de réalisation à travers sa profession • compétences techniques par rapport à sa fonction • qualités morales : responsabilité, honnêteté, courage, etc. • maturité personnelle et expérience professionnelle • autonomie pour s'organiser, prendre des initiatives, décider, gérer son temps, hiérarchiser les priorités, trouver des solutions • pragmatisme • dynamisme, tonicité, persévérance, • optimisme mesuré face aux difficultés, prise de risque maîtrisée • réalisme économique • capacités d'auto-contrôle des réalisations Autres facteurs : • en fonction de la nature de chacune des activités à déléguer • s'intéresser aux capacités managériales des collaborateurs en charge d'une équipe
Comment observer son délégataire	Mettre à profit les circonstances de la vie de travail : • quand vous agissez seul à seul avec lui • en réunion • sur son lieu de travail • à l'occasion de repas, de moments de détente • lors de déplacements • en suivant ensemble une formation .../...

.../...	
Comment observer son délégataire	Rechercher directement des informations :
	• au cours de l'entretien annuel d'évaluation-orientation
	• en évaluant ses productions et ses méthodes en cours d'année
	Et aussi :
	• exploiter les résultats de tests anciens ou d'un bilan de compétences
	• porte ouverte en permanence ou porte fermée ?
	• être soi-même ouvert à la découverte permanente d'autrui
	• recouper les informations : gare aux déformations !
	• se dire que l'être humain garde toujours son secret

Et vous-même, où en êtes-vous ?

Nous vous proposons de vous attribuer une note de zéro à dix points (la note la plus basse est 0 et la plus forte est 10) pour chacune des affirmations suivantes :

		Note attribuée ▼
1	Les appréciations que je porte sur mes collaborateurs sont absentes de préjugés qui me conduiraient à les **sous-évaluer**	
2	Les appréciations que je porte sur mes collaborateurs sont absentes de préjugés qui me conduiraient à les **surévaluer**	
3	Je m'efforce de connaître les **projets professionnels** de mes délégataires	
4	Pour chacun d'eux j'ai une idée claire des **compétences qui le rendent apte à recevoir la délégation**	
5	J'observe les comportements de mes délégataires afin de déceler les **limites** de chacun d'entre eux	
6	Je mets à profit l'entretien annuel de mon collaborateur pour m'informer le plus finement possible sur ses **souhaits d'évolution**	
7	Je ne manque pas une occasion (séances de travail, réunions) pour **compléter mes informations** sur les comportements de mes délégataires	
8	Je pratique une **écoute intense** dès qu'il s'agit de mieux comprendre les motifs d'action de mes collaborateurs	
9	Je prends soin de **recouper les informations** à propos des comportements et des compétences de mes collaborateurs	
10	J'accepte de **réviser mon appréciation** sur l'un de mes délégataires si des changements réels interviennent dans ses comportements ou si certaines de ses aptitudes avaient été surévaluées ou sous-évaluées	
	Total obtenu sur 100 points possibles :	
	En prendre le dixième pour obtenir la note sur dix :	

À présent, veuillez reporter la note obtenue sur le diagramme récapitulatif situé à la fin de la deuxième partie, page 151. Qu'en pensez-vous, notamment par comparaison avec l'estimation globale que vous avez réalisée en introduction de cette deuxième partie ?

Chapitre 3

Règle 3 :
Diriger en faisant partager
les orientations stratégiques

Conscient de la nécessité de situer les actions quotidiennes dans une perspective stratégique, vous devez également être capable de *faire partager les orientations de votre secteur* et d'établir avec précision *le contrat de délégation* pour chaque mission que vous confiez à un délégataire.

Donnez du sens à vos actions

L'être humain éprouve le besoin inné de savoir où il va. En entreprise, que ce soit à travers un projet général, des axes stratégiques, des missions, des objectifs, il est fondamental que lui soit précisée l'orientation de ses actions quotidiennes et qu'il en perçoive le plus clairement possible la portée et le sens. C'est là un point capital, que soulignent les dirigeants qui ont fait le choix d'un management fondé sur la délégation. Selon eux, vous ne pouvez pas déléguer à quelqu'un qui n'a pas compris où vous voulez aller. Il faut que vos collaborateurs connaissent les orientations directrices et les valeurs sur lesquelles elles se fondent. Bien intégrées, ces valeurs guident d'elles-mêmes les actions quotidiennes et permettent de diminuer le formalisme organisationnel et les procédures de contrôle.

Nous distinguons trois grands niveaux dans les décisions qui orientent les activités (voir schéma 18).

Niveau supérieur
Vocation
Valeurs guide
Politique   Niveau intermédiaire
                 Objectifs et
                 trajectoires
                 stratégiques   Niveau de la gestion
                                 opérationnelle

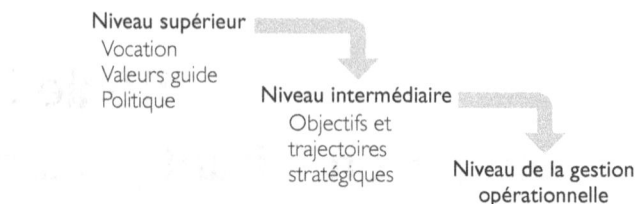

Schéma 18 • Les trois niveaux de décision

Au *niveau supérieur*, la vocation détermine les traits qui caractérisent l'entreprise au fil des ans : essentiellement son métier de base et la manière dont elle le pratique. Sa politique générale énonce les principes qui orientent en permanence les décisions maîtresses. À partir de ces principes directeurs relativement stables sur une longue période, la politique générale se décline en politiques sectorielles (commerciale, de production, des ressources humaines, financière, etc.).

Pour cette PME qui exerce le négoce de produits d'équipement destinés aux transporteurs routiers, la politique générale est formulée en ces termes : « Avoir à la fois un taux important de renouvellement des produits — parce que la marge est là —, une base de clients et de fournisseurs qui soient de vrais partenaires et une structure extrêmement réactive afin qu'elle puisse changer du jour au lendemain. »

Subordonnées aux orientations politiques, les décisions stratégiques déterminent les *objectifs visés à moyen terme* : marchés à conquérir, acquisition de techniques nouvelles, etc. Elles se fondent sur le rapprochement de l'analyse de l'environnement technico-économique (actuel et futur) et du diagnostic des forces et faiblesses internes (présentes et potentielles) de l'entreprise. Elles se traduisent sous forme de plans et de budgets pluriannuels, qui seront infléchis au fil des ans pour tenir compte des nécessaires adaptations aux réalités : il ne s'agit en rien d'une programmation rigide et définitive, car il y a de fortes probabilités pour que les conditions externes (opportunités, difficultés) évoluent tout autrement que prévu.

Au niveau de la *gestion opérationnelle*, la volonté stratégique se trouve confrontée au réel à court terme. Il se peut que des difficultés soudaines, ou bien des opportunités inespérées, conduisent les dirigeants à remettre en cause la trajectoire stratégique sur laquelle ils s'étaient engagés. Le problème est de savoir si les écarts constatés sont des aléas par rapport à ce qui avait été prévu, ou bien s'ils constituent les signes avant-coureurs d'une situation nouvelle. Dans ce cas, il peut devenir vital d'infléchir plus ou moins fortement les orientations, car la constance dans la direction déterminée ne doit en aucun cas se confondre avec de la raideur.

Il incombe alors aux dirigeants, relayés par l'encadrement intermédiaire, de faire admettre la nécessité des changements, surtout s'ils se traduisent par des mesures douloureuses telles que l'externalisation d'activités, des cessions d'actifs, des compressions d'effectifs, des fermetures d'établissement. En situation de crise, il n'est pas facile de demander aux personnes qui restent de changer leurs points de repère et de remettre en question les valeurs auxquelles elles avaient adhéré, tant bien que mal pour certaines d'entre elles. Dans les organismes publics ou semi-publics, des difficultés d'un autre ordre sont ressenties lors du passage d'un type de fonctionnement avec une subvention à dépenser à une gestion basée sur des objectifs de production et un compte d'exploitation analogue à celui des entreprises privées. On se met à parler de productivité : cela demande une véritable mutation culturelle.

Pour faciliter ces transformations, certains dirigeants d'entreprise sont tentés de jouer sur le registre sentimental. Ils cherchent à mobiliser leur personnel sur des valeurs communes par de la publicité institutionnelle, des slogans ou des projets d'entreprise. Est-ce toujours adapté aux destinataires des messages ? Ce pourrait être le cas si tous les humains agissaient en étant guidés par la vertu, ou au moins disons par quelque chose d'apparenté à ce que devrait être le civisme dans la vie de la cité. Fort heureusement — cela durera-t-il ? — c'est encore le cas de professions telles que les pompiers, les sauveteurs en mer, les membres du corps médical ou des organisations humanitaires, etc. Mais, de manière générale, ce qui anime l'individu des sociétés industrialisées, ce n'est plus l'antique vertu.

Un peu d'histoire

Alexis de Tocqueville l'avait remarquablement perçu, dès le début du XIXe siècle, en étudiant les comportements des Américains [a]. Il avait constaté que, dans les sociétés modernes, ce qu'il nommait « l'intérêt bien entendu » allait désormais faire marcher le monde : pour l'essentiel, chaque individu agit par rapport à ce qu'il considère comme pouvant servir son propre intérêt, tel qu'il le perçoit.

a. Alexis de Tocqueville, *De la démocratie en Amérique*, Gallimard, Paris, 1986.

© Éditions d'Organisation

Chacun voit midi à sa porte, dit-on. N'est-ce pas de cette façon qu'agissent les chefs d'entreprise ? N'est-ce pas le cas de ces firmes étrangères qui, attirées par des subventions, ont implanté des usines en France, puis sont reparties quelques années plus tard vers des pays où les salaires sont inférieurs ? Pourrait-on demander aux salariés d'être animés par la vertu alors que les entreprises, pressées par la concurrence internationale et soumises aux puissances financières, ne jouent en réalité que sur le registre de leur intérêt bien compris ? Il faut donc s'en tenir à l'échange d'utilité, c'est-à-dire admettre que, même quand il est animé plus ou moins fortement par sa conscience professionnelle, le salarié ne s'engage vraiment que sur les actes qui, selon sa perception, peuvent servir ses intérêts actuels et futurs.

Ce sont probablement les campagnes d'information et les actions de formation visant à faire converger les énergies vers la qualité des produits et des services qui correspondent le mieux à cette réalité. Tout comme les actionnaires et les dirigeants, les membres du personnel ont intérêt à ce que les clients soient satisfaits dans les meilleurs délais et au moindre coût : de cela dépend la pérennité de l'entreprise et, par conséquent, celle de leurs emplois. Il est vrai que d'autres facteurs interviennent dans la survie des entreprises, notamment les évolutions technologiques, la saturation des marchés ou la concurrence internationale, en particulier celles des firmes implantées sur des territoires à très faibles salaires. Parce que la satisfaction du client se construit jour après jour par le soin apporté à chacune des actions individuelles, ce qui dépend des salariés eux-mêmes se révèle d'une importance considérable. Cette satisfaction dépend également de la qualité des relations internes et externes. Que ce soit dans les entreprises du secteur concurrentiel ou dans les organismes publics, l'accent porté sur les finalités extérieures — les clients — conduit à reléguer à l'arrière-plan les luttes intestines et à consacrer le maximum des énergies à la raison d'être de l'organisation. Quand les entreprises et les membres de leur personnel oublient leurs clients, elles disparaissent très vite. À moins qu'elles ne puissent vivre sur le dos du contribuable ! Mais cela pourrait-il durer longtemps ?

UN EXEMPLE D'ACTION DE FORMATION POUR ORIENTER LES ÉNERGIES VERS LES BESOINS DES CLIENTS

Il s'agit d'une entreprise qui effectue l'abattage d'arbres et le transport de bois dans une vingtaine de départements français. Afin d'améliorer

l'ensemble des prestations, la direction générale a entrepris une vaste opération de sensibilisation et de formation de l'ensemble de son personnel à la maîtrise globale de la qualité.

Entre autres actions, une équipe de formateurs internes a eu l'idée de faire systématiquement visiter les lieux d'utilisation des produits par tous les bûcherons et tous les débardeurs [1]. Ces visites ont permis d'identifier avec précision les besoins des différents clients. Les points clés à respecter impérativement ne sont pas du tout les mêmes selon que le bois abattu puis débité est destiné à une papeterie, ou à une usine productrice d'agglomérés, ou à des scieries qui produisent des planches pour l'industrie du meuble. Ils portent par exemple sur l'exactitude de la longueur ou la rectitude des billes de bois. Les manquements sont lourds de conséquences, en particulier quand une bille de bois trop longue coince le système d'alimentation automatique de l'usine de pâte à papier. Ces visites ont également permis de mettre en évidence qu'un petit sac en plastique (celui dans lequel le bûcheron ou le débardeur apporte son casse-croûte et qu'il jetait auparavant négligemment en forêt) pouvait entraîner la perte d'une tonne de pâte à papier quand il se retrouvait malencontreusement mêlé à une livraison de bois.

Un enseignement a été tiré de cette action : il a été décidé de préciser aux hommes de terrain, dès le départ, la destination des arbres à abattre, information auparavant détenue par l'encadrement.

Certains lecteurs trouveront peut-être cet exemple bien prosaïque. Il illustre cependant la nécessité de faire comprendre, le plus directement possible, ce qu'attendent les différentes clientèles de l'entreprise. Rien n'empêche, parallèlement à des opérations de cette nature, de diffuser une charte de qualité. Méfions-nous tout de même des discours et des écrits ronflants qui, manquant généralement d'originalité, finissent par sonner creux : n'avez-vous pas remarqué à quel point les projets d'entreprise se ressemblent dans leur formulation ? Gare aux textes quasi standardisés où il est question de valeurs, de déontologie, de transparence, d'éthique ou de respect de l'environnement. Le commun des mortels ne s'y trompe pas quand il soupçonne que la proliféra-

---

1. À l'aide d'engins de manutention, les débardeurs amènent en bordure de route les fûts des arbres abattus par les bûcherons.

tion de tous ces beaux termes pourrait bien être le signe d'une carence :
« Quand la chose manque, il faut mettre le mot », disait Montherlant. Soyons
concrets et réalistes pour donner un sens aux actions de nos collaborateurs.

Faites partager les orientations de votre secteur

Placé à la tête d'un secteur grand ou petit, il vous appartient de préciser à vos
collaborateurs ce que vous attendez d'eux pour aller dans le sens voulu :

- en leur expliquant ce qui est assigné à votre équipe pour contribuer au
  développement de la stratégie générale,

- en démultipliant les objectifs que vous avez reçus de votre n + 1 pour
  l'ensemble de votre secteur.

Il est hors de question que vous vous comportiez en simple courroie de transmission. Méfiez-vous de vos états d'âme : vos subordonnés les sentiraient et
cela détruirait toute chance de les motiver. Vous devez être convaincant, ce
qui implique que vous ayez intégré les orientations stratégiques de l'entreprise, que vous les ayez faites vôtres. Il en est de même des objectifs que vous
a définis votre manager. Vous persuaderez d'autant mieux vos équipiers des
buts à atteindre si vous y mettez franchement votre touche personnelle.
Affirmez clairement vos priorités et n'hésitez pas à marquer de votre style les
orientations que vous donnez à vos collaborateurs pour atteindre les objectifs.

Année après année, la définition de ces objectifs s'accompagne nécessairement d'une montée en pression, afin de satisfaire les exigences sans cesse
croissantes du consommateur. Celui-ci désire toujours plus de marchandises,
d'objets, de voyages, de vacances, de loisirs, de prestations, de soins, d'équi-
pements collectifs, de services… pour moins cher. Quand on se trouve en
position de producteur, force est d'assumer les orientations de la société de
consommation, quand bien même on ne les partagerait pas. La course à la
compétitivité a pratiquement atteint tous les continents et, à moins de se
marginaliser, il est impossible d'y échapper.

Les objectifs opérationnels traduisent cette mise sous tension permanente :
prix de revient à ne pas dépasser, quantités à produire, chiffre d'affaires,
marge, etc. Ils ne doivent pas être confondus avec les prévisions, qui corres-

pondent à ce qui paraît souhaitable ou possible. Les objectifs expriment une ferme volonté de performances, dans un domaine précis et avec un délai déterminé.

Définition

Les caractéristiques d'un **objectif** sont : l'expression d'une volonté de performance, d'une ambition marquée ; la définition du résultat quantifié d'une action ; dans un délai déterminé.

Il ne s'agit pas seulement d'affirmer une fois dans l'année la direction à suivre. Plus le message est difficile à communiquer, plus la redondance est nécessaire. Mettez à profit les entretiens annuels de vos collaborateurs, les réunions régulières avec vos délégataires directs et chacun des événements qui jalonnent la vie de votre secteur pour souligner les relations entre les orientations générales de l'entreprise et ce qui est demandé à l'ensemble de votre équipe et à chacun de vos équipiers.

Pour faire passer votre message, oralement ou par écrit, n'hésitez pas à mettre en pratique les méthodes recommandées par les spécialistes de la communication :

- Appuyez-vous sur l'esprit de corps en rappelant à vos équipiers qu'ils constituent une équipe.

- Dites-leur que vous allez gagner ensemble : surtout, pas de messages défaitistes.

- Faites appel à leur professionnalisme, leur expérience, leur sens des responsabilités.

- Traitez-les en adultes, en ne leur cachant pas l'ampleur des tâches à accomplir et les risques qu'elles comportent.

- Stimulez les imaginations, dites que vous en aurez besoin pour trouver ensemble des solutions aux problèmes.

- Transformez les difficultés en occasions de se serrer les coudes et de se surpasser. Ce point d'appui est fréquemment exploité par les managers qui prennent la tête d'une entreprise ou d'une unité après des périodes difficiles, marquées parfois par un dépôt de bilan.

- Tournez vers vos adversaires (concurrents nationaux ou internationaux) l'agressivité potentielle du groupe humain que constitue votre secteur : face à un danger externe, les rivalités, les inimitiés et les tensions internes s'apaisent, permettant aux synergies de se développer, aux énergies de se fédérer, aux stratégies personnelles de converger vers un but commun.

- Rappelez qu'il est vital pour toute entreprise de faire converger vers ses clients les énergies positives et les compétences de l'ensemble de son personnel.

- Appuyez-vous sur ce que vous savez des stratégies professionnelles et personnelles de vos délégataires pour leur donner des motifs d'action, c'est-à-dire les motiver dans le sens visé. À cette fin, mettez en évidence les aspects intéressants des actions à entreprendre.

- Adressez-vous particulièrement dans ce sens aux leaders d'opinion de votre équipe.

- Ne vous limitez pas au registre rationnel, utilisez également celui des émotions, parlez à l'affectif.

- N'oubliez pas que la dynamique de groupe constitue un moyen particulièrement efficace pour vaincre les résistances au changement.

Tout cela demande évidemment du temps. N'hésitez pas à en investir pour préparer votre argumentation et aller au-devant des objections les plus probables. Peut-être éprouvez-vous des réticences à vous comporter en leader d'influence ? Dites-vous que c'est avant tout ce qui est attendu de vous en tant que manager. L'influence n'est malsaine que si elle se camoufle : elle s'appelle alors de la manipulation. Celle que vous avez à exercer doit, bien au contraire, apparaître en toute lumière dans les moments où vous vous efforcez de persuader vos collaborateurs de la nécessité d'efforts et de performances, dans le dessein de réaliser les objectifs de votre secteur.

Établissez un contrat de délégation

Nous passons à présent de la dimension collective à la dimension interpersonnelle de la délégation [2]. Établir un contrat de délégation constitue, rappelons-

---

2. La relation est de nature collective quand il s'agit de déléguer à un groupe autonome de collaborateurs, mais il s'agit d'une exception par rapport aux situations les plus fréquentes.

© Éditions d'Organisation

le, un acte de direction. Soulignons que, pour un manager, se comporter de manière directive n'a rien d'un travers : son premier devoir est précisément de définir des buts à son collaborateur et de faire montre de constance afin qu'il les atteigne en prenant des initiatives dans une aire définie par rapport à ses compétences, à ses motivations et aux circonstances. Aucune comparaison possible avec l'autoritarisme, cette tendance à tout décider dans les moindres détails à la place d'autrui, en abusant constamment d'un pouvoir discrétionnaire, qui peut aller jusqu'au despotisme le plus abject.

Présenter les buts de la mission

Le contrat de délégation s'applique aux missions permanentes — précisées dans une définition de fonction et par des objectifs périodiques — et aux missions temporaires. Ces dernières correspondent à des améliorations ou des étapes importantes de l'évolution organisationnelle.

Le directeur général d'une entreprise du tertiaire délègue à son DRH (également responsable des services généraux) le transfert du siège social dans un immeuble de bureaux. Ou bien : un directeur industriel confie à l'un de ses cadres la mission de mettre en place un nouveau système de gestion informatisée des fabrications.

Pour lancer votre délégataire sur une activité, vous devez consacrer un temps proportionnel à l'ampleur et aux enjeux de la mission. Très schématiquement, voici la liste des points à traiter pour présenter une mission d'envergure :

- Présentez ce qui est à réaliser en insistant sur les résultats attendus et les enjeux.

- Soulignez les relations avec les orientations stratégiques générales et les objectifs de votre secteur.

- Précisez s'il s'agit d'une continuité (par rapport à des projets antérieurs ou en cours de développement) ou bien d'une innovation, d'une rupture par rapport aux évolutions habituelles de votre secteur.

- Rappelez les liens avec les priorités que vous assignez à votre secteur et par rapport au style que vous voulez donner à son organisation et à ses activités.

- Situez la mission par rapport à d'autres activités avec lesquelles une coordination devra s'établir.

- Précisez le délai de réalisation et, le cas échéant, les délais intermédiaires que vous estimez importants.

- Donnez d'emblée l'enveloppe budgétaire si, constituant une contrainte majeure incontournable, elle est déjà déterminée.

Efforcez-vous de faire comprendre à votre délégataire non seulement les finalités, mais également les tenants et les aboutissants de la mission : difficultés techniques intrinsèques, contexte, risques courus, obstacles humains les plus probables, conséquences possibles, etc.

Vendre la mission à votre délégataire

Après avoir défini le but, vous passez à un registre plus personnel pour préciser à votre délégataire pourquoi lui et pas un autre. Cela peut aller de soi eu égard à ses fonctions, à ses compétences ou à sa disponibilité. D'autres raisons peuvent vous avoir conduit à le charger de cette mission. Par exemple :

- Peut-être a-t-il manifesté auparavant son désir de faire ses preuves sur un projet de même nature que celui-ci.

- Vous estimez que c'est l'occasion de le faire progresser sur un aspect précis de ses activités (la technique, l'organisation, le relationnel, la gestion budgétaire, etc.) ou sur l'ensemble des aspects du management d'un projet.

- Ses collègues l'ont coopté, par exemple pour qu'il fasse le lien entre la DRH et les cadres de votre secteur pour la mise à jour des définitions de fonctions.

- Il a ses entrées dans d'autres secteurs de l'entreprise, avec lesquels une collaboration est nécessaire pour mener à bien cette mission.

- Vous connaissez son potentiel et son ambition et vous le mettez en avant pour qu'il se fasse admettre par son entourage en vue d'une promotion que vous envisagez.

- Vous avez affaire à un perfectionniste râleur, prompt à critiquer son entourage — dont vous-même — et vous allez le mettre à l'épreuve (il faudra probablement le contrôler d'assez près).

Pour exposer les raisons de votre choix, mieux vaut tenir compte de la personnalité de votre délégataire et des relations que vous entretenez avec lui, sans gommer pour autant votre propre style. Le perfectionniste râleur a besoin de s'entendre dire à la fois qu'il est capable de mener cette mission et qu'il va se trouver plongé de la sorte dans le même bain que ses collègues. Vous pouvez par exemple le lui dire ainsi : « Avec cette mission, vous allez vous rendre compte par vous-même qu'il faut trouver des compromis entre les partenaires qui travaillent sur un projet, que du temps est nécessaire pour convaincre les parties prenantes, qu'un planning demande à être ajusté chemin faisant, etc. Nous en reparlerons quand nous ferons le point en cours de réalisation. »

Votre argumentation, qui s'apparente à ce que vous avez dit pour convaincre votre équipe, doit être affinée par rapport à ce que vous connaissez de votre délégataire. Tenez compte de ce que vous savez de sa stratégie profession-nelle et personnelle pour lui montrer l'intérêt qu'il trouvera en s'engageant à fond sur la mission. Au créatif, mettez en avant les innovations qu'il aura à réaliser. Au mordu des nouvelles technologies, soulignez les développements auxquels il participera. Seulement, tout n'est pas qu'avantage dans une mission ; ne cachez donc pas les difficultés qu'elle comporte. Là aussi, cela peut être reçu de manière différente selon les tempéraments : le prudent aura besoin d'être quelque peu rassuré tandis que le preneur de risques y verra un défi à relever et une source supplémentaire de motivation.

Cadrer précisément la mission et l'amplitude de la délégation

Le but étant défini, il convient de cadrer ce qui est à réaliser et la latitude d'action attribuée à votre délégataire sur *cette* mission. Il est vrai qu'à force de travailler avec vous, chacun s'est habitué à votre style et sait ce que vous attendez. De fait, cet aspect de la délégation donne le plus souvent lieu à une sorte de reconduction tacite. Il est tout de même préférable de clarifier les choses au départ d'une relation managériale, puis de préciser certains points, non seulement à mesure qu'évoluent les individus, mais également par rapport aux spécificités de chaque mission. Cela évitera bien des malen-tendus, des pertes d'énergie et de temps.

Pour exemple cet accrochage entre un directeur industriel et l'un de ses cadres chargé d'étudier une nouvelle méthode de gestion des stocks. Croyant bien faire, le cadre présente à la fin de ses travaux une solution très détaillée.

Colère du directeur : « Ce n'est pas ce que je voulais ! Vous m'imposez votre solution alors que vous aviez à me soumettre les orientations de quelques options, avec les avantages et les inconvénients de chacune d'elles. Vous n'avez pas à choisir et à décider, c'est à moi de le faire ! » Voilà précisément — la colère en moins — ce qu'il aurait fallu dire au départ.

Autre exemple : une responsable de formation travaille pour une unité commerciale localisée au siège d'une entreprise de la branche agroalimentaire. Elle dépend d'un DRH qui lui attribue une latitude d'action extrêmement étroite, avec des plans de formation figés dès le départ dans tous leurs détails : organismes, dates, coûts unitaires, etc. Mutée ensuite dans la branche industrielle du même groupe, elle se trouve soudain immergée dans un tout autre univers. Constatant qu'elle ne prend pas suffisamment d'initiatives, son nouveau DRH lui précise que c'est à elle de développer les actions de formation à partir d'objectifs généraux — les grandes lignes du plan de formation tiennent sur une page — et d'une enveloppe budgétaire globale : à elle de prendre les décisions, puis de lui en rendre compte a posteriori.

Voici une liste type pour vous aider à faire le point quand vous cadrez une mission à un délégataire :

Objectifs	Objectif totalement figé, ou possibilité de mise au point interactive en fonction de finalités de niveau supérieur ?
	Objectif global à décliner en objectifs partiels : par le délégataire ou par vous ?
Enveloppe budgétaire	Enveloppe budgétaire (ou de temps) figée au départ, ou possibilité de mise au point interactive ?
	Enveloppe globale à répartir par le délégataire entre différents postes budgétaires ou budgets partiels prédéterminés ?
Moyens	Latitude de choix : sur quoi et jusqu'où ?
	Choix des partenaires de l'action : par le délégataire, ou par vous, ou de manière concertée entre vous deux ?
Méthodes	Totalement à l'initiative du délégataire sans qu'il ait besoin de vous en informer ? Ou définies avec vos conseils ? Ou bien fortement cadrées dès le départ [a] ?

a. Ce qui rapproche singulièrement du niveau 0 de la délégation !

Encore deux recommandations pour définir clairement une mission :

* Soyez réaliste à propos des délais fixés et de l'équilibre entre l'objectif à atteindre et les ressources attribuées.

* Assurez-vous que votre délégataire a clairement perçu le but, l'objet et les limites de ce que vous lui confiez ; vous pouvez par exemple lui demander de vous en rédiger un compte rendu.

Définir dès le départ les modalités de contrôle

Déléguer ne signifie en rien donner carte blanche : il vous appartient de conserver la maîtrise des actions que vous avez confiées. À cette fin, définissez dès le départ les modalités de contrôle :

* Précisez à votre délégataire la périodicité des points intermédiaires.

* Indiquez-lui comment vous envisagez vos contrôles, par exemple en référence à un planning établi au départ.

* Incitez-le à rechercher les indices de satisfaction et d'insatisfaction des clients de sa mission ; selon les cas : l'ensemble ou une partie de vos collaborateurs, d'autres secteurs de l'entreprise, des clients externes, ou encore vous-même.

* Rappelez-lui l'utilité de l'autocontrôle.

* Conseillez-lui de réaliser des essais ou des simulations avant de développer les solutions à grande échelle.

Là aussi, l'interactivité est possible en fonction de vos relations de confiance. Dans certains cas, il vous faut décider des éléments à mettre sous contrôle et des dates, alors que vos délégataires les plus évolués vous proposeront d'eux-mêmes sur quoi faire le point ensemble, quand et comment. Généralement, ils se montreront demandeurs de rencontres en cours de réalisation. Méfiez-vous de ceux qui, confondant autonomie et indépendance, tendent à se comporter en électrons libres ! Une raison de plus pour mettre en place des méthodes de contrôle de ce que vous déléguez.

Nous ne doutons pas de votre mémoire, mais il vaut mieux que vous conserviez une trace de ce que vous lancez. Peu importe le support — cahier, petites fiches, informatique, etc. —, l'important est que, pour chaque mission, vous notiez au moins :

- l'objet de la mission,
- à qui vous l'avez déléguée,
- sa finalité et ses objectifs,
- la marge de manœuvre du délégataire,
- l'enveloppe budgétaire,
- le délai final,
- les étapes intermédiaires,
- les contrôles et leurs modalités.

Encourager votre délégataire

Au lancement de la mission, vous devez assurer le coaching de votre délégataire, c'est-à-dire :

- l'éclairer sur les difficultés qui apparaissent d'emblée et sur celles qu'il rencontrera probablement en cours de route ;
- lui recommander quelques voies de solutions ;
- l'informer sur les ressources à exploiter et l'encourager [3].

En ce qui concerne les difficultés, n'hésitez pas à le mettre en garde par rapport aux pièges et aux menaces qui l'attendent sur le plan technique et, plus encore, sur le plan humain. Il peut avoir à se méfier de rivaux — les vôtres, les siens, ceux de votre supérieur hiérarchique, etc. — et d'opposants à votre projet : « Méfiez-vous d'Untel ; prenez garde à ne pas trop en dire à celui-ci ; avec cet autre, confirmez toujours par écrit ce que vous vous êtes dit au cours d'un entretien, etc. » N'allez tout de même pas jusqu'à le paralyser, mais, là aussi, c'est affaire de dosage. Le vieux renard sait très bien que l'entreprise constitue à la fois un lieu de collaboration, de rivalités, d'intérêts tantôt convergents tantôt divergents, de tensions et de conflits ; par contre le naïf a besoin d'être soigneusement averti des pièges et des chausse-trappes qu'il risque de rencontrer au tournant.

---

3. Ce que vous avez à assurer en tant que coach fait l'objet de la règle n° 7.

Par rapport aux ressources, donnez-lui des pistes de documentation et d'information : « Allez voir Untel de ma part, il est très fort sur tel point ; et aussi cet autre qui a mis au point quelque chose d'analogue pour une ligne de produits voisine de la nôtre, etc. » Si nécessaire, ouvrez-lui des portes et prenez la peine de l'introduire (par écrit, par téléphone, par courrier électronique, etc.) auprès de ceux qui pourront lui fournir des informations, des « tuyaux », des conseils. Si possible, retirez-lui une partie de ses tâches habituelles afin qu'il se concentre sur sa mission. Attribuez-lui éventuellement de l'aide, par exemple en lui affectant un ou plusieurs stagiaires.

Encouragez-le, soulignez l'intérêt que vous attachez à ce qu'il doit réaliser. Promettez-lui — mais avec réalisme — que vous vous montrerez disponible pour faire le point avec lui, y compris s'il en éprouve le besoin en dehors des dates planifiées.

Faisons le point sur la règle 3

Donner du sens aux actions	Les orientations générales de l'entreprise : • diffusez des informations sur la politique, les valeurs de base et les visées stratégiques (dans la mesure du possible). Tournez les énergies de votre équipe vers les clients : • qui sont les clients de l'entreprise ? • quels sont les points clés de leurs besoins ? • en quoi mes délégataires doivent-ils contribuer à les satisfaire directement ou indirectement, *via* des clients internes ?
Faire partager les orientations du secteur	Les relations entre la stratégie d'entreprise et vos objectifs sectoriels : • situez les liens entre les orientations générales à moyen et long terme et vos objectifs opérationnels ; • précisez ces objectifs en termes de résultats à obtenir dans des délais déterminés. Comportez-vous en leader : • motivez votre équipe pour aller dans le sens voulu, en vous appuyant sur l'esprit de corps et la dynamique de groupe ; • en toute clarté, soyez un leader d'influence. .../...

.../...	
Le contrat de délégation	Présentez les buts de chaque mission individuelle : • soulignez les relations avec les objectifs de niveau supérieur ; • montrez les liens avec les priorités de votre secteur ; • précisez le délai de réalisation et les contraintes connues au départ : enveloppe budgétaire, relations avec d'autres missions. Vendez la mission à votre délégataire : • tenez compte de sa personnalité pour lui présenter les tenants et aboutissants de la mission, son intérêt et ses difficultés ; • argumentez par rapport à ce que vous savez de sa stratégie. Cadrez la mission et l'amplitude de la délégation : • précisez, pour *cette* mission, la latitude attribuée au délégataire sur la méthode, les moyens, le budget et les objectifs ; • soyez réaliste sur les délais ; • soyez réaliste sur l'équilibre entre objectifs et ressources ; • faites reformuler par votre délégataire ce que vous attendez. Définissez dès le départ les modalités de contrôle : • précisez la périodicité des points intermédiaires et les modalités de contrôle ; • prenez note des actions que vous lancez : quoi, qui, quand, etc. Encouragez votre délégataire : • éclairez-le sur les difficultés techniques et humaines ; • informez-le sur les ressources possibles, ouvrez-lui des portes ; • montrez-vous disponible.

Et vous-même, où en êtes-vous ?

Nous vous proposons de vous attribuer une note de zéro à dix points (la note la plus basse est 0 et la plus forte est 10) pour chacune des affirmations suivantes :

		Note attribuée ▼
1	J'explique à mes délégataires les **implications des orientations stratégiques** générales sur les objectifs du secteur que je dirige.	
2	J'insiste auprès de mes collaborateurs sur la priorité numéro un de l'entreprise : **servir ses clients.**	
3	Quand je délègue une activité, je m'exprime en termes de **buts** à atteindre, de **résultats** visés dans des **délais** déterminés.	
4	Je précise à mes collaborateurs les **priorités** des activités de mon secteur.	
5	**Je prends le temps d'expliquer** les tenants et les aboutissants des missions que je délègue : contexte, difficultés, passages obligés des solutions à trouver, etc.	
6	Pour motiver le collaborateur à qui je délègue une mission, je m'appuie sur ce que je connais de **sa stratégie professionnelle et personnelle**.	
7	Je précise **l'amplitude de la délégation** dès le lancement d'une action.	
8	J'informe mon collaborateur des **modalités de contrôle et de la périodicité des points intermédiaires** dès le départ d'une délégation.	
9	Je conserve **une trace écrite des missions** que je délègue : quoi, à qui, pour quand, avec quels points intermédiaires, etc.	
10	Je me montre **encourageant** quand je lance un collaborateur sur sa mission.	
	Total obtenu sur 100 points possibles :	
	En prendre le dixième pour obtenir la note sur dix :	

À présent, veuillez reporter la note obtenue sur le diagramme récapitulatif situé à la fin de la deuxième partie, page 151. Qu'en pensez-vous, notamment par comparaison avec l'estimation globale que vous avez réalisée en introduction de cette deuxième partie ?

Chapitre 4

Règle 4 :
Faire en sorte que la délégation
soit appelée par les délégataires

Après avoir étudié cette quatrième règle d'or, convaincu que ce sont les délégataires qui donnent vie à la délégation, vous saurez comment vous entourer de délégataires efficaces et comment vous comporter en leader d'influence afin qu'ils prennent des initiatives.

Ce sont les délégataires qui donnent vie à la délégation

Faisons le point sur les règles de la délégation :

- la règle n° 1 pose le principe de la délégation différenciée en fonction des activités, des circonstances et des personnes ;

- en conséquence, le manager doit s'efforcer de connaître le mieux possible chacun de ses collaborateurs directs : règle n° 2 ;

- pour ne pas s'égarer dans leurs aires d'initiatives, les délégataires ont besoin d'être orientés par des valeurs communes, des objectifs, des priorités, des contrats de délégation : règle n° 3.

Cela ne fonctionne que s'ils acceptent de jouer le jeu, c'est-à-dire qu'après avoir assimilé les orientations générales de leur entreprise et les objectifs de leur secteur, ils appellent d'eux-mêmes la délégation : nous en arrivons à la règle n° 4.

L'entreprise a besoin de délégataires qui s'engagent personnellement, acceptent de prendre des responsabilités — avec les risques que cela comporte — pour évoluer dans des espaces d'initiative : non seulement les espaces qui leur sont attribués, mais également ceux qu'ils occupent spontanément d'eux-mêmes. Remarquons que toute organisation humaine se compose entièrement de délégataires : même le PDG d'une SA rend périodiquement compte à une instance supérieure. Chacun d'eux, à son niveau de décision et dans son périmètre d'activité, est le mieux placé pour estimer les besoins d'ajustement de l'organisation et des méthodes de travail aux événements du réel, dont la complexité, les nuances et les subtilités ne peuvent être saisies d'en haut. Partant de ces constats, les uns adoptent une attitude passive et attendent les ordres de leur hiérarchie, tandis que d'autres n'hésitent pas à proposer des solutions ou, allant plus loin, à prendre carrément les devants. Ce sont eux qui donnent vie à la délégation.

Qui sont ces délégataires efficaces ? Quelles sont leurs capacités particulières en plus des compétences techniques et relationnelles inhérentes à leurs différentes fonctions ? De l'étude que nous avons réalisée dans des entreprises de toutes tailles et de tous types, il ressort que ces délégataires font preuve d'autonomie adulte et qu'ils s'impliquent fortement dans le travail. Ils sont ambitieux, préfèrent aller au-devant des événements plutôt que les subir, s'efforcent de regarder vers le haut pour comprendre l'esprit des directives et se montrent capables d'auto-organisation [1].

Faire preuve d'autonomie adulte

Les délégataires qui ont atteint le stade de l'autonomie font preuve de maturité dans leurs actes et possèdent une conscience aiguë de leurs compétences et de leurs limites. Ils n'admettent pas d'être traités autrement qu'en personnes adultes et responsables ; rien ne les horripile davantage que ces hiérarchiques qui tendent à infantiliser leurs subordonnés, à les surprotéger, à

---

1. Les conclusions de cette étude ont fait l'objet de notre ouvrage : *Déléguer, voyage au cœur de la délégation.*

tout décider à leur place. Par référence à l'analyse transactionnelle, disons qu'ils s'attendent à être dirigés dans une relation d'Adulte à Adulte. Ils interagissent positivement avec les personnes de leur environnement professionnel — manager, collègues, partenaires internes et externes — pour cerner avec objectivité les problèmes et leur trouver des solutions.

Ils se situent avec aisance dans l'espace et identifient clairement au sein de leur environnement spatial les éléments qui présentent de l'intérêt à leurs yeux ; ils en repèrent très vite les modifications significatives. Leur horizon temporel n'est pas borné ; n'aimant pas être enfermés dans l'instant, ils anticipent les événements, sont attentifs aux difficultés prévisibles et s'efforcent de planifier leurs activités. Ils estiment que la gestion de leur temps leur appartient et veillent à en avoir la plus grande maîtrise possible. Quand il leur arrive de commettre des erreurs (ils ne sont tout de même pas infaillibles !), ils n'adoptent pas le comportement de l'autruche, mais prennent les devants et alertent qui de droit pour y remédier le plus tôt possible, afin d'en minimiser les conséquences.

S'impliquer dans le travail

Le collaborateur qui appelle la délégation fait partie des salariés qui s'engagent fortement dans leurs activités professionnelles. Il est de ceux qui, *a priori*, sont plutôt enclins à faire preuve de bonne volonté. Il a compris, ou au moins senti, que toute liberté s'accompagne, *de facto*, d'un accroissement de responsabilité. Celui qui n'a qu'à obéir, à suivre strictement à la lettre des instructions extrêmement précises, à se comporter en exécutant, ne peut être accusé en cas d'échec ; ici, la responsabilité appartient à celui qui a dicté les actes et la manière de les exécuter. Mais, dans la mesure où, par exemple, un délégataire se voit attribuer le choix du *quoi*, du *comment* et du *quand* réaliser les actions qui lui sont confiées, il dispose à la fois d'une marge de liberté *et* de la responsabilité correspondante. Parce que les deux sont indissociables, il faut être prêt à l'accepter pour s'impliquer dans son travail.

Se montrer ambitieux

Le plus souvent et avec plus ou moins d'intensité, les collaborateurs qui appellent la délégation sont animés par l'ambition, même si tous ne se sont pas écriés à leur entrée dans l'entreprise ou dans votre secteur : « À nous deux, maintenant ! », tel le Rastignac de Balzac. Ce fin observateur du genre humain, qui s'y connaissait en la matière, se projetait sur ses personnages ; il a écrit dans l'une de ses premières œuvres[2] : « Les jeunes gens ont presque tous un compas avec lequel ils se plaisent à mesurer l'avenir ; quand leur volonté s'accorde avec la hardiesse de l'angle qu'ils ouvrent, le monde est à eux. » Voir grand et faire preuve — en plus du talent — d'une volonté inflexible : ainsi se comportent les êtres habités par l'ambition. Il existe, bien sûr, mille degrés, allant de celui qui considère n'avoir aucune prise sur son devenir jusqu'au suractif aux dents longues et acérées.

Les ambitions que le manager décèle chez ses délégataires ne peuvent que l'inciter à trouver des ouvertures, afin que ces personnes continuent d'avancer, qu'elles trouvent du grain à moudre et qu'elles ne soient pas tentées de s'en aller trop vite. Certes, par son côté régénérant, le *turn-over* constitue une bonne chose, mais point trop n'en faut tout de même. En dehors des besoins organisationnels du moment, il faut donc poursuivre la délégation tout au long de la vie de l'entreprise, afin d'alimenter la soif de progression des collaborateurs qui veulent évoluer : " Si on ne leur offre pas effectivement la possibilité d'avancer, ils vont partir et on perdra de la substance », nous confiait une DRH.

Aller au-devant des événements et regarder vers le haut

Le délégataire efficace se tient informé des évolutions des facteurs pouvant influencer ses activités, par exemple les variations des demandes de la clientèle ou bien des difficultés d'approvisionnement. Il n'attend pas que l'information lui arrive, il va la chercher. Il agit de même pour les problèmes que son manager pourrait lui poser. Là aussi, il prend les devants : « Certains de mes collaborateurs viennent en réunion hebdomadaire avec des propositions qui répondent déjà aux questions que je soulève en cours de discussion : ils ont su anticiper », nous disait une responsable de fabrication à propos de ses agents de maîtrise les plus contributifs. De même que le pouvoir, l'initiative,

---

2. *Un drame au bord de la mer*, Séquences, Rezé, 1993.

© Éditions d'Organisation

ça ne se demande pas, ça se prend. Le délégataire actif préfère se placer en position de meneur plutôt qu'accepter passivement d'être mené. Dès qu'il décèle la moindre ouverture, il cherche à influencer les décisions de son manager, à peser sur les voies prises pour aller dans le sens efficace à ses yeux.

Si besoin est, il admet la nécessité de changer de cap quand le programme sur lequel son manager l'avait engagé demande à être infléchi en cours de réalisation. Il ne feint pas d'ignorer qu'avec les besoins croissants de flexibilité cela se rencontre couramment de nos jours. Il a compris que la démarche stratégique, qui guide les activités de toute entreprise, n'a rien à voir avec l'idée que certains ont pu se faire d'un plan totalement rigide et jamais remis en question. Il se rend compte que c'est dans un champ de contraintes et d'incertitudes que sont prises les décisions qui orientent les actions.

Tels étaient les propos que nous tenait un cadre en position à la fois de délégateur et de délégataire : « En tant que délégataire, il faut accepter la zone de flou autour des objectifs et accepter que la personne qui nous délègue ne sache pas tout non plus. Elle a aussi un environnement, un patron, et il y a des éléments sur lesquels elle n'a pas de réponse. Il faut néanmoins faire des choix dont on n'est pas certain qu'ils soient ensuite validés. »

S'auto-organiser

Le champ de la délégation peut être considérablement élargi au-delà du niveau 1, celui de la méthode, quand les délégataires se montrent capables de décliner le but général décrit par leur manager en objectifs intermédiaires et en plan d'action. À partir de là, ils s'organisent, déterminent le *quoi faire*, à *quel moment* et *selon quelle méthode*. Pour ce qu'ils prennent ainsi en charge, ils élaborent des règles explicites de fonctionnement, en veillant à leur compatibilité avec les procédures plus générales. Si besoin est, ils entrent en relation avec leurs collègues des autres secteurs d'appartenance pour régler directement les problèmes qui se posent. Au sein de leurs équipes, ils coordonnent leurs activités et effectuent entre eux des modifications instantanées (ou très rapides) des rôles, en fonction des variations des charges de travail et des disponibilités des uns et des autres, liées notamment à l'ARTT.

Entourez-vous de délégataires efficaces

Puisque la délégation vient principalement des délégataires, l'important est de tendre constamment vers l'équipe idéale : dans une perspective de moyen et long terme, le manager attache une importance majeure au recrutement et au renouvellement des membres de son équipe. Il choisit des dispositifs organisationnels qui favorisent leur autonomie et prend lui-même en main l'orientation des actions de formation qui favoriseront leur progression.

Tendez vers l'équipe idéale

Il existe fort peu de chances de trouver chez une même personne la somme des qualités humaines et professionnelles qui viennent d'être décrites ; il est encore beaucoup plus improbable de pouvoir les constater simultanément dans l'ensemble d'une équipe de collaborateurs. En réalité, on observe le plus souvent une distribution du type du schéma 19.

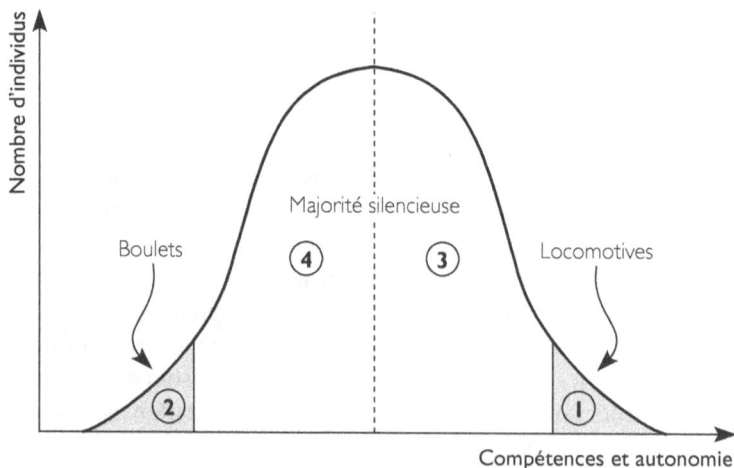

Schéma 19 • La distribution des compétences dans une équipe

Dans chaque secteur de l'entreprise, nous trouvons en nombre plus ou moins grand des « locomotives » (1) qui se rapprochent du profil idéal, et, à l'opposé, quelques « boulets » (2). Entre les deux, la « masse silencieuse », dont une partie (3) comprend des personnes qui demandent à voir avant de s'engager plus avant dans les voies de l'autonomie ; livrée à elle-même, l'autre partie (4) se laisserait bien entraîner passivement par les « boulets ».

Notons que cette distribution n'est pas forcément symétrique. Le schéma 20 en donne deux exemples contrastés.

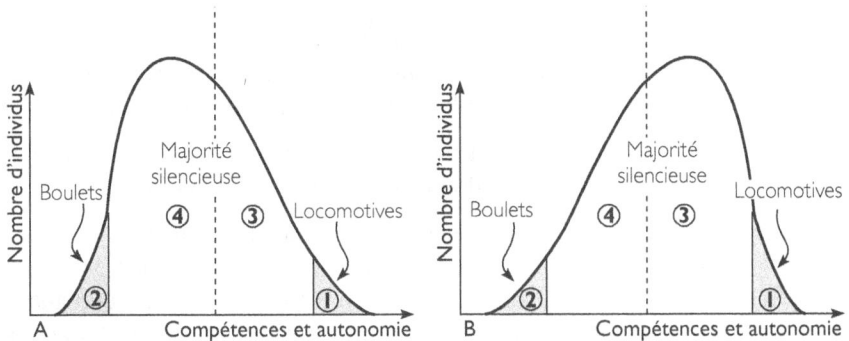

Schéma 20 • Deux exemples contrastés de répartition des compétences

Le cas de figure A est celui d'un service où il serait difficile de généraliser des méthodes ouvertes de management. À l'opposé, le cas de figure B correspond à une équipe dont le manager peut franchement s'appuyer sur l'autonomie de la majorité de ses collaborateurs. Rappelons que, dans l'une et l'autre de ces situations, la différenciation des modes de délégation est nécessaire pour tenir compte des profils individuels.

Les efforts d'un manager ne sont jamais achevés pour faire en sorte que chacun de ses subordonnés se rapproche du meilleur profil imaginable : rien à voir avec une conception statique. Ces efforts portent en particulier sur la constitution de l'équipe, son organisation et sa formation permanente.

Constituez votre équipe de délégataires

Voici quelques principes qui vous aideront à vous entourer de délégataires efficaces :

- Investissez du temps pour engager les nouveaux membres de votre équipe ; faites appel à des spécialistes du recrutement pour les sélectionner ; précisez-leur les critères que vous considérez comme importants, tant sur le plan des compétences techniques que sur celui des comportements. Il ne vous est pas interdit non plus de faire participer à ces choix, au moins pour avis consultatif, ceux de vos collaborateurs qui ont intégré vos perspectives sur les orientations du secteur et ses modes de fonctionnement.

- En cas de mutation interne en provenance d'un autre secteur ou d'un autre établissement, soyez combatif si vous avez l'impression qu'on voudrait vous « refiler » des éléments faiblement aptes à recevoir la délégation.

- Soyez attentif au moral de vos troupes afin d'éviter que vos meilleurs éléments ne se fassent muter vers d'autres secteurs ou quittent l'entreprise.

- Efforcez-vous de tendre vers cet équilibre, à la fois délicat et précieux, entre l'homogénéité des vues partagées par les membres d'une équipe et leur diversité individuelle. Une équipe s'enrichit en permanence quand y collaborent des anciens et des nouveaux, des esprits analytiques et d'autres portés sur les approches globales, des réalistes et des imaginatifs, des prudents et des audacieux.

Il est vrai que la mise en pratique de ces principes se heurte à des difficultés, parfois insurmontables, qui réduisent considérablement les marges de manœuvre. Cela tient par exemple aux statuts des salariés : il n'est pas rare que travaillent ensemble des salariés en CDI, des CDD et des intérimaires, qui ne portent pas le même intérêt au devenir de l'entreprise. Dans les organismes publics, quand les promotions sont décidées en commission paritaire par les organisations syndicales et la direction, l'encadrement n'a plus qu'à se contenter des éléments qui lui sont attribués.

Autre situation fréquente au moment où un manager est nommé : l'équipe dont on lui confie l'encadrement a été constituée par ses prédécesseurs et il doit s'en accommoder, au moins au départ. Si ce manager considère que certains éléments ne correspondent pas à ce qu'il vise, il lui faudra du temps et du souffle pour que la composition de son équipe lui permette d'agir comme il l'entend. Peut-être sera-t-il obligé de se séparer de personnes qui, du fait de leur incompétence technique ou de leur mauvais esprit, entravent le bon fonctionnement de l'équipe ; mais il devra souvent se résigner à attendre que ces personnes partent d'elles-mêmes ou prennent leur retraite.

Tous ces freins ne doivent pas conduire à baisser les bras, car il ne faut jamais perdre de vue que c'est dans une optique dynamique qu'il faut se placer : on ne peut que tendre, avec la plus grande constance possible, vers l'équipe idéale.

Faites évoluer les dispositifs organisationnels

Une littérature riche et abondante a montré que, contrairement aux dispositifs tayloriens, les formes organisationnelles fondées sur l'autonomie, la responsabilisation et l'enrichissement des tâches favorisent l'expression et le développement permanent des compétences individuelles et collectives. Il y a interaction entre la personne et l'organisation où elle est immergée. Par ses compétences, l'individu contribue à l'efficacité organisationnelle ; en retour, l'organisation influence ses comportements. On parle alors d'organisation *qualifiante*, d'entreprise *apprenante*.

Rappelons quelques principes dont vous pouvez vous inspirer pour faire évoluer l'organisation de votre secteur dans cette direction :

- ne laissez pas vos collaborateurs se scléroser, effectuez des permutations, faites-les tourner afin qu'ils acquièrent un degré raisonnable de polyvalence ;

- enrichissez le plus possible les tâches de chacun des postes pour accroître l'intérêt au travail ;

- facilitez les communications directes tant entre vos délégataires qu'avec l'extérieur ;

- faites identifier les relations client-fournisseur entre les postes de travail et avec les autres secteurs ou l'extérieur, poussez vos collaborateurs à s'informer sur la satisfaction de leurs clients internes ou externes ;

- encouragez l'autocontrôle et favorisez l'accès aux informations sur l'activité de chaque poste, sa production, sa productivité, ses consommations, ses dépenses, ses résultats ;

- attribuez une enveloppe budgétaire à vos collaborateurs pour qu'ils décident eux-mêmes des petits aménagements de leur matériel et de leurs installations. Ils sont souvent mieux placés que vous pour estimer ce qui vaut la peine d'être amélioré, car il peut vous arriver de considérer comme secondaires ou négligeables les « petits » dysfonctionnements qu'ils vivent parfois avec beaucoup de gêne ;

- dans la mesure où vous êtes maître de votre organigramme, contentez-vous du plus petit nombre possible d'échelons hiérarchiques : moins il y a de chefs dans une organisation, plus les personnes doivent se comporter en adultes responsables ;

- quand bien même ce ne serait plus de mode — et, là aussi, dans la mesure où vous en avez le pouvoir –, pourquoi ne pas organiser votre secteur en îlots ou en groupes autonomes ?

La mise en pratique de ces principes demande du doigté et de la progressivité. La manière de les conjuguer et leur dosage dépendent de chaque cas de figure et de ce que l'on nomme communément la « culture d'entreprise ». Tendez l'oreille aux suggestions de vos collaborateurs directs et montez la barre progressivement. Dernier conseil sur ce point : tenez tout de même compte de votre environnement institutionnel, car tous les milieux n'admettent pas aisément les innovations et les pionniers en matière organisationnelle. Il vaut mieux que vous évitiez d'avoir des bâtons dans les roues de la part de managers d'autres secteurs !

Orientez les actions de formation

Soyez également moteur sur cet aspect très important de vos responsabilités. N'attendez pas que la DRH, ou le service formation, ou votre manager, lance des actions de formation. Il vous revient de faire en sorte que vos collaborateurs soient aptes à recevoir la délégation et, mieux encore, à l'appeler d'eux-mêmes. Voici quelques exemples de thèmes sur deux axes majeurs :

Se situer dans son environnement économique et organisationnel	Il peut s'agir par exemple de se rendre compte du fonctionnement économique de son entreprise, des mécanismes de la gestion budgétaire ou des implications de la démarche stratégique sur les activités opérationnelles ; ou encore de situer son secteur d'appartenance par rapport aux autres organes de l'entreprise (notamment en amont et en aval) et d'acquérir une vue d'ensemble sur son organisation interne.
Acquérir ou perfectionner les fondamentaux professionnels	Les thèmes dépendent des écarts constatés entre les compétences réelles et les exigences des différents postes. Par exemple : les techniques de base du métier pratiqué, la communication écrite ou orale, la pratique d'une langue étrangère, la maîtrise de l'informatique (traitement de texte, Internet, etc.), les méthodes de résolution de problèmes, le management pour les cadres et les agents de maîtrise que vous dirigez en position de manager de managers.

Comment vous y prendre ? Il serait hors sujet de traiter ici de l'établissement et du développement d'un plan de formation ; limitons-nous à quatre recommandations :

• Surtout, ne commencez pas par feuilleter des catalogues d'organismes de formation, aussi excellents soient-ils : vous devez partir des besoins de vos délégataires. Vous pouvez vous en faire une idée lors des entretiens annuels d'évaluation-évolution, ou lorsque vous constatez des erreurs et des écarts par rapport à ce que vous attendez d'eux. Demandez au service formation de vous assister pour réaliser une étude systématique de ces besoins, en distinguant les besoins individuels des besoins collectifs. Veillez à prendre en compte les évolutions organisationnelles et techniques les plus prévisibles de votre secteur : mieux vaut anticiper.

• Focalisez-vous sur les *objectifs* des actions de formation que vous lancez : quelles modifications attendez-vous dans les comportements de vos délégataires ?

• Dites-vous que formation n'est pas forcément synonyme de stage ou de séminaire ; ce ne sont que des moyens parmi d'autres tels que le tutorat exercé par un ancien vis-à-vis des nouveaux, des visites d'autres secteurs de l'entreprise, des actions organisées et réalisées par des formateurs internes à l'entreprise, etc.

- À l'issue des actions de formation, assurez-vous que les objectifs visés sont atteints. Ne vous limitez pas à demander aux personnes concernées si elles sont satisfaites des journées de formation : observez sur le terrain les modifications comportementales que vous avez fixées comme objectifs à atteindre.

De même que pour la constitution de votre équipe et pour les évolutions organisationnelles, faites preuve de persévérance et agissez progressivement : ne cherchez pas à tout réaliser en un an ou deux. Là aussi, c'est affaire de longue haleine.

Adoptez un comportement incitatif

Le manager qui donne à ses collaborateurs du savoir, du pouvoir et du vouloir a toutes les chances de les voir contribuer activement aux activités de son secteur et d'y mettre le meilleur d'eux-mêmes. Donner du savoir passe par la formation et l'information ; donner du pouvoir par l'attribution de responsabilités avec, en contrepartie, la dotation de moyens et d'une autorité à une personne compétente en la matière.

L'art de donner du vouloir à autrui se révèle autrement plus délicat. Faut-il dire à son collaborateur : « Prenez des initiatives » ? Il pourrait être rétorqué qu'une telle injonction enferme le collaborateur dans une situation paradoxale : s'il ne prend pas d'initiatives, le but n'est pas atteint, mais il ne l'est pas davantage si l'initiative est prise car, à ce moment-là, le collaborateur ne fait qu'obéir à un ordre. Peut-être estimerez-vous que la remarque frise le mauvais esprit ou qu'elle relève de ces jeux intellectuels qui font toucher du doigt l'absurdité des raisonnements logiques poussés à l'extrême. Elle a le mérite de rappeler qu'il est impossible de motiver autrui de manière autoritaire et que nous sommes dans un domaine où la coercition n'est pas pertinente.

Prenons garde à cette croyance, trop largement répandue, selon laquelle la motivation d'une personne pourrait résulter d'une sorte de conditionnement opéré par un tiers, par exemple son supérieur hiérarchique. Ce serait considérer l'individu au rang de l'animal dressé par un dompteur. Pour notre part, nous nous référons à une conception spécifiquement humaine de la motivation selon laquelle le comportement d'une personne résulte certes pour une part des stimulations en provenance du contexte dans lequel elle est immergée mais, surtout, de ses attitudes psychologiques, de ses visées et de sa propre vision des évolutions probables du contexte. C'est à partir de cet ensemble de données qu'elle adapte ses comportements :

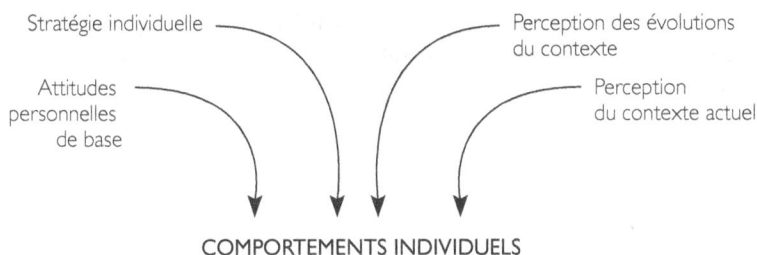

Stratégie individuelle ──────── ───── Perception des évolutions
                                              du contexte

Attitudes ────────   ──── Perception
personnelles   du contexte actuel
de base

COMPORTEMENTS INDIVIDUELS

Schéma 21 • Les facteurs qui influencent les comportements individuels

Partant de cette schématisation, nous pouvons souligner deux axes complémentaires pour améliorer les conditions favorables à la motivation de vos délégataires :

- Efforcez-vous de connaître et de prendre en considération leurs stratégies individuelles et leurs attitudes personnelles de base, par exemple la propension à prendre des risques (nous avons approfondi ce point avec la règle 2) ;

- Attachez un soin particulier à *l'information* sur la situation et le devenir de votre entreprise, tant au plan général qu'au plan local : service, ligne de produit, atelier, etc. En tant que manager et leader d'influence, vous avez là un rôle important à jouer, ne serait-ce que pour éviter que se répandent des informations erronées, des rumeurs, voire des bobards intentionnellement propagés avec de mauvaises intentions. Les *représentations* que vos subordonnés se font de leur contexte professionnel et de son devenir influencent considérablement leur moral, par conséquent leurs comportements. Vous avez à vous en soucier car, s'ils se montraient pessimistes, ils ne se donneraient pas la peine d'appeler la délégation ; cela ne leur viendrait même pas à l'esprit.

Remarquons que, parmi les éléments du contexte des salariés, il en est un qui se révèle prépondérant : leur manager, c'est-à-dire vous-même pour les collaborateurs que vous dirigez. Il vous faut adopter un comportement incitatif qui, conjugué aux autres facteurs que nous venons de rappeler, contribuera à créer les conditions favorables à leur motivation et les incitera à appeler d'eux-mêmes la délégation.

Il s'agit de vous comporter, le mieux possible, en leader d'influence et de faire des paris positifs sur les capacités potentielles de vos collaborateurs. Voici quelques rappels pour aller dans ce sens :

Communication	• Gare aux comportements rébarbatifs, repoussants, décourageants ! • Ne cassez pas les bonnes volontés naissantes, encouragez-les. • Prenez en considération et mettez en valeur les idées de vos collaborateurs. • Montrez-vous disponible et facilitez les contacts directs. • Ne craignez pas de dire ce qui ne va pas. • Donnez le droit à votre délégataire de vous dire non quand il estime nécessaire de le faire.
Traitement des incidents	• N'attaquez pas avant de connaître les circonstances d'un incident : questionnez au lieu de réagir. • Maîtrisez-vous, résistez au stress, ne le communiquez surtout pas à vos collaborateurs.
Équité	• Soyez impartial et juste (ne pas confondre justice et égalitarisme). • Pas de favoritisme, par exemple dans la répartition des tâches. • Veillez à attribuer à chacun des moyens correspondant à ses objectifs. • Intéressez-vous au travail de chacun. • Donnez l'égalité des chances.
Esprit d'équipe	• Encouragez le travail d'équipe et la synergie entre vos délégataires. • Respectez les affinités personnelles.
Implication personnelle	• Sachez prendre vos responsabilités vis-à-vis de votre équipe. • Montrez-vous exemplaire. • Communiquez votre dynamisme et votre optimisme autour de vous.

Faisons le point sur la règle 4

Ce sont les délégataires qui donnent vie à la délégation	Pas de délégation possible sans bons délégataires ! Les délégataires efficaces font preuve d'autonomie. Ils s'impliquent dans leur travail. Ils se montrent ambitieux. Ils vont au-devant des événements. Ils regardent vers le haut pour assimiler le sens et l'esprit des directives. Ils s'auto-organisent.
Entourez-vous de délégataires efficaces	Tendez en permanence vers l'équipe idéale. Constituez votre équipe de délégataires : • investissez du temps pour recruter vos collaborateurs ; • soyez attentif au moral de vos troupes ; • cherchez à la fois le partage des orientations et la diversité individuelle. Faites évoluer les dispositifs organisationnels de votre secteur. Fondez votre organisation sur la responsabilisation, l'autonomie, la polyvalence et l'enrichissement des tâches. Soyez moteur pour orienter et contrôler la formation de vos délégataires.
Adoptez un comportement incitatif	Vous êtes l'élément majeur du contexte de vos délégataires. L'influence de vos comportements sur leurs comportements est dominante. Comportez-vous en leader d'influence : • dans la communication avec vos délégataires, • pour traiter les incidents, • en vous montrant équitable, • en développant l'esprit d'équipe, • en vous impliquant personnellement par votre sens des responsabilités, votre exemplarité et la manière de communiquer votre dynamisme et votre optimisme. Ainsi vous les inciterez à se comporter en délégataires actifs et efficaces.

© Éditions d'Organisation

Et vous-même, où en êtes-vous ?

Nous vous proposons de vous attribuer une note de zéro à dix points (la note la plus basse est 0 et la plus forte est 10) pour chacune des affirmations suivantes :

		Note attribuée ▼
1	**J'investis du temps pour recruter mes collaborateurs** en provenance de l'extérieur ou d'autres secteurs de l'entreprise.	
2	Je vise à la fois le **partage des orientations** de mon secteur par tous les membres de mon équipe et **leur diversité humaine**.	
3	J'organise mon secteur en cherchant à **enrichir les tâches** attribuées à chaque poste de travail.	
4	J'encourage les **communications directes** entre mes délégataires.	
5	Je m'assure que chacun de mes délégataires a identifié les **clients internes ou externes** de son poste.	
6	Je suis moteur pour orienter et contrôler les **actions de formation** de mes délégataires.	
7	Pour chacun de mes délégataires je possède des informations précises sur les **écarts entre les exigences de son poste et ses compétences** réelles actuelles.	
8	**Je maîtrise mon stress** dans le traitement des incidents.	
9	Je veille à être **équitable** avec mes délégataires.	
10	**Je prends mes responsabilités** vis-à-vis de mon équipe.	
	Total obtenu sur 100 points possibles :	
	En prendre le dixième pour obtenir la note sur dix :	

À présent, veuillez reporter la note obtenue sur le diagramme récapitulatif situé à la fin de la deuxième partie, page 151. Qu'en pensez-vous, notamment par comparaison avec l'estimation globale que vous avez réalisée en introduction de cette deuxième partie ?

Chapitre 5

Règle 5 :
Se comporter soi-même en délégataire actif avec son manager

La délégation est quelque chose qui, pour vous aussi, se prend. Vous devez donc être capable de *bien connaître votre manager* pour mieux *interagir avec lui* et *consolider puis élargir votre propre aire de délégation.*

Pour vous aussi, la délégation est quelque chose qui se prend

Autonomie, comportements adultes, ambition, capacité à anticiper les événements et à traduire en objectifs et en plans d'action les orientations de niveau supérieur, compétences d'auto-organisation, sens des responsabilités, appel spontané de la délégation : autant de traits que chaque manager voudrait retrouver chez tous ses collaborateurs. Autant de qualités qui, *a fortiori,* se révèlent particulièrement précieuses chez les membres de l'entreprise à la fois en position de délégataires vis-à-vis de leur n + 1 et de délégateurs vis-à-vis de leurs collaborateurs : nous voulons parler de l'ensemble des managers. La portée de leurs comportements en tant que délégataires se révèle encore plus grande que celle des salariés qui n'assurent pas de fonction d'encadrement. En effet, s'il se montrait passif dans ses relations avec son n + 1, le manager se limiterait à un rôle de courroie de transmission et n'agirait que comme simple démultiplicateur d'ordres venus d'en haut. Dans ces conditions, de quelle marge de manœuvre disposerait-il pour déléguer des responsabilités à ses subordonnés ? Il est clair que, enfermé dans une position de dépendance, il n'aurait guère de possibilités d'élargir le champ d'initiative de ses délégataires et qu'il lui serait difficile d'en prendre le leadership.

Du PDG au chef d'équipe, le manager ne doit surtout pas se montrer passif : pour lui aussi, la délégation est quelque chose qui s'appelle et qui se prend. Le meilleur moyen de ne pas être mené contre son gré, c'est de prendre les devants, de s'emparer de l'initiative sans attendre qu'on vous la propose. *Ne pas subir*, telle est la devise à intérioriser. C'est à vous qu'il appartient de faire en sorte que votre aire d'autonomie soit la plus ouverte possible, à votre mesure en quelque sorte, c'est-à-dire en fonction de vos capacités personnelles et professionnelles. Cela veut également dire à la hauteur de vos ambitions, de votre volonté, de votre force de caractère, de votre capacité à diriger effectivement vos délégataires et à vous prendre fermement en main, sans attendre d'être contrôlé par quelqu'un d'autre. Sinon, il ne vous resterait plus qu'à claquer les talons ; vous seriez constamment « aux ordres » et réduit à la soumission, la dépendance, la passivité ; vous vous placeriez en position d'être commandé par autrui. « On commande à qui ne sait pas s'obéir à lui-même », rappelle le Zarathoustra de Nietzsche.

Apprenez à bien connaître votre manager

Pour vous comporter non pas en courroie de transmission, mais en relais actif, créatif et responsable, il vous faut regarder vers le haut, anticiper ce qui est attendu de votre secteur et appeler la délégation. Comment vous y prendre ? Nous allons à présent travailler sur deux axes complémentaires : bien connaître la personne de votre supérieur hiérarchique direct et interagir positivement avec lui.

Observer

Le premier niveau d'observation est celui des *pratiques managériales* :

- Comment votre manager s'y prend-il pour démultiplier les buts qui lui sont assignés par ses supérieurs hiérarchiques : seul ou avec son équipe ?

- Se comporte-t-il principalement comme un stratège ou un leader qui se repose sur ses collaborateurs ? Ou bien cherche-t-il à maîtriser directement et avec le maximum de détails l'organisation et la gestion de tout ce qu'il encadre ?

- Quel intérêt porte-t-il aux processus techniques des équipes de son secteur ? Qu'en est-il pour votre propre secteur ?

- Attache-t-il une importance particulière à la gestion des ressources humaines de l'ensemble qu'il dirige ? Jusqu'à quel niveau prend-il en main les recrutements ?

- Quelle latitude donne-t-il à ses délégataires dans la détermination des objectifs et des budgets ?

- Comment prend-il ses décisions ? Rapidement ? Après un temps de réflexion adapté à l'importance du sujet ? Ou bien avec une telle lenteur que cela bloque tout ?

- Conserve-t-il le plus longtemps possible les informations confidentielles ou encore au stade d'hypothèses ? Ou bien les diffuse-t-il rapidement ?

- Encourage-t-il la circulation d'informations entre ses n - 1 ?

- Favorise-t-il les prises directes de décisions nécessaires à la coordination des activités de ses n - 1 ? Ou tient-il à ce que cela passe par lui ?

Il ne vous suffit pas d'observer ses comportements, il faut également vous intéresser à *sa situation institutionnelle*, sa position au sein du champ de forces et d'influences dans lequel il évolue :

- Quelle marge de manœuvre ses supérieurs hiérarchiques lui attribuent-ils ?

- Quels sont ses rapports personnels avec son n + 1 ? Dépendance ? Contre-dépendance ? Indépendance ? Autonomie interactive ?

- A-t-il dans la place des rivaux, des adversaires déclarés, des alliés ? Quelle est sa zone d'influence ?

Si vous aviez à répondre à un manager obligé de claquer les talons devant un tyran, votre marge d'initiative se trouverait probablement moins ouverte que si ce même manager avait davantage de champ pour décider. Mais il faudrait aussi qu'il occupe une position forte par rapport à ses pairs pour se faire entendre et défendre son secteur, par exemple dans les débats budgétaires ou les discussions sur les investissements. Certes, l'entreprise est un lieu de collaboration, mais, ne le perdons jamais de vue, elle constitue en même temps un champ de rivalités, de tensions et de conflits : mieux vaut être représenté en haut lieu par quelqu'un d'influent.

Ne manquez pas non plus de vous intéresser plus précisément à la personne même de votre manager ; efforcez-vous de discerner les *tournures intellectuelles* et les *attitudes relationnelles et psychologiques* qui sous-tendent ses comportements.

Tournures intellectuelles	Est-il prédisposé aux approches globales ou analytiques ? Comment se projette-t-il à court, moyen et long termes : quel est son horizon temporel de référence ? Raisonne-t-il comme un animal à sang-froid ou mêle-t-il une part plus ou moins grande d'affectif à ses réflexions ? S'appuie-t-il sur des schémas intellectuels de référence tels que des modèles mathématiques, les règles d'un sport ou le fonctionnement d'une machine ? Le percevez-vous plutôt comme un théoricien ? un réaliste ? un imaginatif ? un pragmatique ? un technocrate ? un humaniste ?
Attitudes relationnelles et communication	Se range-t-il parmi les introvertis ou les extravertis ? Perçoit-il en priorité les points forts ou les points faibles chez autrui ? Fait-il confiance aux autres ? Se montre-t-il timide ou est-il à l'aise dans ses relations ? Quelle est son écoute ? Reformule-t-il ce qui lui est dit ? Ose-t-il dire des choses désagréables quand c'est nécessaire ? Quel négociateur est-il : rigide ? plutôt accommodant quand il le peut ? Dans quelle situation se montre-t-il le plus à l'aise : en grande conférence ? en petit groupe ? en tête-à-tête ? au téléphone ? par écrit ? Est-il sensible plutôt à l'information visuelle ou à l'information auditive ? Apprécie-t-il les schémas ? les tableaux de chiffres ? les graphiques ? les textes détaillés ? les rapports le plus concis possible ?
Attitudes psychologiques fondamentales	Est-il d'un naturel optimiste ou pessimiste ? Quel est son besoin dominant selon Maslow : sécurité ? appartenance à un groupe ? reconnaissance de son ego ? réalisation ? Comment le caractériser par référence à l'analyse transactionnelle : un Parent Normatif (critique) ? un Parent Nourricier (qui surprotège) ? un Adulte (la rationalité incarnée) ? un Enfant adapté (soumis et/ou rebelle) ? un Enfant naturel (énergique et créatif) ? Est-il émotif ou non émotif ? Réagit-il très rapidement (primarité) ou après un temps plus ou moins long (secondarité) ?

Vous pourriez encore chercher si sa manière d'être et d'agir se rattache à un *groupe de référence,* par exemple l'école d'ingénieurs ou commerciale dont il est issu, ou bien une entreprise qui l'a marqué. Ne manquez pas de repérer ses phobies — ce peut être le manque de propreté des locaux — et, plus encore, ce qui risquerait de le vexer aux yeux de son supérieur hiérarchique ou de personnes externes à l'entreprise. Gère-t-il bien son stress, se met-il en colère, est-il rancunier ? Face aux difficultés, fait-il partie de ceux qui vont jusqu'à dire « bienvenue aux problèmes », ou bien se montre-t-il négatif ? Efforcez-vous également de discerner ses visées stratégiques sur le plan professionnel, ses motifs d'action, ses motivations personnelles : considère-t-il son poste actuel comme un marchepied, une étape à franchir le plus rapidement possible, ou bien envisagerait-il d'y faire un travail de fond sur une longue période ?

Que de points à observer, direz-vous ! En tant que délégataire, vous avez à traiter votre manager comme un client et c'est pour cela que vous avez besoin de le connaître le mieux possible. Vous n'êtes pas obligé de prendre à la lettre la totalité des points d'observation que nous venons de dresser. Ils vous sont proposés pour vous inciter à adopter une *attitude interrogative,* afin que vous repériez chez votre délégateur les *traits caractéristiques* de ses méthodes de management, de sa position institutionnelle, de ses tournures intellectuelles, de ses modes relationnels et de ses attitudes psychologiques.

Pratiquer une écoute active

Il faut parfois tendre l'oreille pour saisir, au second degré, ce que « donnent à entendre » les propos d'autrui. Tandis que certaines personnes assènent franchement leurs reproches, d'autres y mettent beaucoup de formes, à tel point qu'un décodage est nécessaire pour saisir ce qu'elles veulent réellement exprimer. Un manager adepte de ce style qui vous glisse au milieu d'une conversation apparemment détendue : « Vous savez, j'apprécie de ne jamais avoir à répéter deux fois la même chose » fait peut-être allusion à la consigne qu'il vous avait donnée et que vous avez négligée au cours d'une récente mission. Les spécialistes de la communication distinguent le *signifiant,* qui s'applique aux mots employés, du *signifié,* c'est-à-dire le contenu réel du message. Ici, en fonction du contexte et de l'historique des échanges entre les interlocuteurs, le signifié pourrait être par exemple : « Il est hors de question que cela se reproduise ! »

Définition

L'écoute active se caractérise par une attention intense aux propos de son interlocuteur. Il s'agit de remarquer ce qu'il souligne et les points sur lesquels il insiste particulièrement ; mais également tout ce qui le gêne, ce qui l'irrite, ce qui le fait hésiter.

Vous pouvez améliorer la qualité des communications avec votre délégateur :

- *par une observation attentive de son langage non verbal* — posture corporelle, gestes, mimiques — afin de mieux saisir les sentiments qui accompagnent ses paroles ;

- *en reformulant ses propos*. Il ne s'agit pas de les répéter mot à mot, mais de les résumer avec vos propres expressions pour lui montrer comment vous les avez intégrés et lui permettre, éventuellement, de creuser sa pensée et de la préciser ;

- *en lui exposant les grandes lignes des plans d'action* que vous comptez tirer des objectifs qu'il vous définit, afin de vérifier que vous êtes bien en phase avec ce qu'il attend de vous ;

- *en le questionnant directement sur ses visées* à moyen terme, ses priorités et ce qu'il estime prépondérant.

Prenez garde à ces filtres plus ou moins opaques qui, du fait de celui qui est censé écouter, déforment fréquemment les propos de son interlocuteur. Se projeter sur autrui en lui attribuant ce que l'on ferait si l'on était « à sa place », préjuger de ce qu'il va dire, imaginer comment aurait agi dans pareilles circonstances une tierce personne, par exemple un ancien manager dont les comportements ont été idéalisés : tous ces parasites brouillent terriblement la communication, allant parfois jusqu'à la rendre impossible ! À votre manager aussi s'applique cette vérité : autrui est un autre. N'oubliez pas que, même si vous avez des affinités avec lui, ses étalons de valeur ne sont pas les vôtres et qu'au niveau hiérarchique où il se situe il n'apprécie pas forcément les situations comme vous le feriez « à sa place ». Qui veut être respecté par autrui doit commencer par le respecter en lui reconnaissant sa singularité.

Interagissez avec votre manager

Bien connaître la personne de votre manager constitue une condition nécessaire mais non suffisante pour vous comporter en délégataire actif : il vous
faut tenir compte des traits de sa personnalité pour le traiter en client interne,
travailler en sa compagnie, entrer à bon escient en communication avec lui.
C'est de la sorte que vous pourrez créer les conditions qui vous permettront
de consolider et d'élargir votre aire personnelle de délégation.

Le traiter en client

La meilleure manière d'éviter que votre manager vous considère du haut de
sa supériorité hiérarchique, c'est de le traiter en client :

• quand il vous confie une mission, faites-lui préciser ce qu'il attend de
vous ;

• veillez à ce que vos prestations personnelles et celles de votre secteur correspondent à ses demandes et le satisfassent pleinement ;

• n'attendez pas qu'il vous contrôle : devancez-le, présentez-lui spontanément les résultats de vos activités, qu'ils soient bons ou défavorables ;

• respectez son temps, par exemple en préparant soigneusement les entretiens qu'il vous ménage ou en réalisant des synthèses préalables du niveau
qu'il apprécie ;

• quand vous avez à lui présenter une solution à un problème technique ou
d'organisation, tenez compte de ce qu'il vous a demandé : un projet déjà
tout ficelé, ou bien quelques variantes dont il se réserve le choix ?

Travailler en sa compagnie

Le travail en commun permet de mieux se connaître et se comprendre, et crée
de la connivence entre ceux qui y participent, quels que soient leurs niveaux
hiérarchiques.

Quelques activités à partager

• *la recherche de solutions organisationnelles,*

• *la préparation de budgets d'exploitation ou d'investissement,*

• *la réflexion sur les activités à effet de levier, par exemple la formation des collaborateurs ou le développement des conditions qui feront que, dans le cadre plus général de l'entreprise, l'organisation deviendra apprenante pour ceux qui y travaillent.*

N'hésitez pas à faire travailler votre chef : demandez-lui des conseils, utilisez ses points forts, qui peuvent être une analyse pénétrante, un art consommé d'aller rapidement à l'essentiel, une imagination féconde, une expertise pointue sur un domaine donné, ou une somme d'expériences variées sur un vaste champ de connaissances. En retour, peut-être vous demandera-t-il un coup de main pour l'aider sur des activités qui lui incombent directement et qui ne l'emballent pas. À condition que vous ne vous laissiez pas envahir et refiler les tâches les plus ingrates, tout cela crée de la complicité et favorise les interactions avec lui.

Entrer à bon escient en communication avec lui

Pour communiquer efficacement, Jean Guitton recommandait ce principe : « Ni trop, ni trop tôt, ni trop à la fois. » Qui veut communiquer à bon escient veille à choisir le bon moment et le bon endroit pour livrer à son interlocuteur des messages sensibles. Prenez garde à ne pas asphyxier votre délégateur sous un flot de paroles ou de documents et ne le mettez jamais en porte-à-faux : gare aux tierces personnes pouvant assister à un échange délicat. Sur la forme, tenez compte de ses préférences, par exemple des graphiques ou des tableaux détaillés de chiffres, car c'est *pour lui* que la présentation doit être parlante. Pour argumenter, visez ses points sensibles, mais n'abusez tout de même pas de cette méthode pour chercher à le manipuler : ce serait tout de même bien le diable s'il était complètement idiot !

Consolider et élargir votre aire de délégation

Clarifiez la configuration de votre espace de délégation	Faites-vous préciser le contenu de votre définition de fonction. Mettez à profit votre entretien annuel d'évaluation-évolution avec votre délégateur pour bien définir ce qu'il attend de vous. Pour vos différentes missions permanentes ou temporaires, soyez au clair sur le niveau de délégation que vous recevez : uniquement le choix de la méthode ? celui des moyens ? plus encore ? Ne vous laissez pas faire au cas où votre délégateur viendrait à empiéter sur le domaine qu'il vous a attribué.
Préparez-vous avant d'appeler davantage de délégation	Commencez par faire vos preuves sur l'aire qui vous est allouée. Devancez adroitement ce que votre manager attend de vous. Préparez vos délégataires en vue de leur confier une partie de vos tâches présentes. Identifiez sur quoi vous souhaitez recevoir davantage de délégation : de nouvelles activités ? passer du choix de la méthode à celui des moyens ? plus encore ? Afin de les mettre en avant le moment venu, étudiez les bénéfices que votre manager pourrait tirer en vous déléguant davantage. Repérez précisément ses domaines réservés afin de ne pas vous risquer sur son territoire.
Proposez d'élargir votre aire de délégation	Dès que vous en avez connaissance, transformez de vous-même les buts assignés à votre n + 1 en objectifs et en plans d'action pour votre secteur : vous augmentez ainsi vos chances de prendre directement les choses en main. Pour proposer de recevoir davantage de délégation, choisissez le moment opportun, par exemple celui où votre manager se voit lui-même élargir ses attributions. Là aussi, l'entretien annuel d'évaluation-évolution constitue un moment privilégié pour faire le point avec votre manager et préparer l'avenir.

Pour réussir à élargir votre aire de délégation, il va falloir que cela suive du côté de vos délégataires. Ne perdez pas de vue que tout manager se situe au centre d'un système en équilibre plus ou moins instable, un système dynamique qui s'améliore ou se dégrade au fil du temps. Occupe une position solide celui qui a gagné la confiance de son manager tout en assurant un réel leadership de ses délégataires. Les deux se renforcent mutuellement car, dans le management comme ailleurs, on ne prête qu'aux riches ou, si l'on préfère, le succès appelle le succès. Votre manager sera d'autant mieux disposé à vous déléguer largement qu'il considérera que vous êtes un leader accepté de vos collaborateurs ; réciproquement, ceux-ci vous suivront plus volontiers s'ils sentent que vous êtes bien considéré par vos supérieurs hiérarchiques.

Enfin, ne perdez pas de vue que cet équilibre repose à la fois sur des données objectives et sur de la subjectivité. Alors qu'il faut souvent beaucoup de temps pour gagner la confiance d'autrui, un seul incident risque de la détruire à jamais. Le crédit qui vous est accordé constitue un bien particulièrement précieux : ne le gaspillez pas. Ne décevez surtout pas votre manager, comportez-vous loyalement avec lui. Pour être maître sur son domaine, il ne suffit pas d'occuper le terrain : il faut encore se montrer irréprochable.

Faisons le point sur la règle 5

Efforcez-vous de bien connaître votre manager	Adoptez une *attitude interrogative* pour repérer les traits caractéristiques de sa position, de son caractère et de ses comportements.
	Observez :
	• ses pratiques managériales,
	• sa situation institutionnelle,
	• ses tournures intellectuelles,
	• ses attitudes relationnelles et ses modes de communication,
	• ses attitudes psychologiques.
	Repérez également :
	• s'il tend à agir par rapport à un groupe de référence ;
	• ses phobies, sa gestion du stress, son sang-froid ;
	• s'il se montre rancunier ;
	• ses comportements face aux difficultés ;
	• ce qui le motive ;
	• sa stratégie professionnelle. .../...

...**/**...

Efforcez-vous de bien connaître votre manager	Pratiquez une écoute active : • prêtez une attention intense à ce qu'il dit, • décodez éventuellement ses propos, • observez son langage non verbal, • reformulez-lui ses propos, • gare aux filtres personnels tels que les préjugés, qui empêchent d'écouter vraiment !
Interagissez avec votre manager	Traitez-le en client : • conformez-vous à ses demandes, répondez à ses besoins ; • devancez ses contrôles ; • respectez son temps personnel. Travaillez en sa compagnie : • l'action en commun crée de la complicité, • utilisez ses points forts, demandez-lui des conseils. Entrez à bon escient en communication avec lui : • pas trop à la fois, au bon moment, au bon endroit ; • ne le mettez jamais en porte-à-faux ; • argumentez par rapport à ses points sensibles. Consolidez et élargissez votre aire de délégation : • clarifiez la configuration de votre aire de délégation ; • préparez-vous avant d'appeler plus de délégation, en faisant d'abord vos preuves sur l'aire qui vous est allouée ; • préparez vos délégataires à recevoir une partie de vos tâches ; • proposez d'élargir votre aire de délégation en tenant compte des évolutions de la situation de votre délégateur. • Ne décevez jamais votre délégateur.

Et vous-même, où en êtes-vous ?

Nous vous proposons de vous attribuer une note de zéro à dix points (la note la plus basse est 0 et la plus forte est 10) pour chacune des affirmations suivantes :

		Note attribuée ▼
1	**J'adopte une attitude interrogative** pour m'efforcer de mieux connaître mon manager.	
2	**Je m'intéresse à sa situation dans l'entreprise,** afin de comprendre ses prises de position, ses comportements et ses décisions.	
3	**Je connais ses préférences sur le plan de la communication** : informations analytiques ou synthétiques, verbales ou écrites, etc.	
4	Je pratique avec lui une **écoute active.**	
5	**Je prends soin de lui reformuler ses propos** quand j'estime nécessaire qu'il les clarifie, ou quand je pense qu'il est très important de vérifier que je l'ai bien compris.	
6	Je le considère comme un **client.**	
7	Je m'efforce de **respecter son temps.**	
8	**Je lui demande des conseils en mettant à profit ses points forts.**	
9	Je veille à **entrer à bon escient** en communication avec lui.	
10	**J'agis avec diplomatie** pour lui proposer d'élargir mon aire de délégation.	
	Total obtenu sur 100 points possibles :	
	En prendre le dixième pour obtenir la note sur dix :	

À présent, veuillez reporter la note obtenue sur le diagramme récapitulatif situé à la fin de la deuxième partie, page 151 . Qu'en pensez-vous, notamment par comparaison avec l'estimation globale que vous avez réalisée en introduction de cette deuxième partie ?

Chapitre 6

Règle 6 :
Contrôler ce qui a été délégué

Après avoir étudié cette sixième règle d'or, ayant admis que déléguer ce n'est pas donner carte blanche, vous disposerez d'un ensemble de méthodes vous permettant de *maîtriser les missions que vous confiez à vos collaborateurs,* puis d'en *exploiter les résultats pour favoriser la dynamique du management délégatif.*

Bouclez le cycle de la délégation

Avec les règles 4 et 5, nous avons traité des fondations du management délégatif et montré que celui-ci repose sur les compétences des délégataires qui composent l'entreprise — dont vous-même et vos collaborateurs — et sur leur volonté d'appeler la délégation. Nous revenons à présent sur le plan des méthodes formelles de management et de gestion. Il s'agit de boucler le cycle de la délégation, symétriquement au moment — règle 3 — où vous avez lancé les actions de vos délégataires en leur définissant des objectifs dans le cadre d'orientations stratégiques de niveau supérieur.

Ayant mis en place dès le départ les modalités de contrôle de ce que vous avez délégué, il vous reste à exploiter les éléments que vous avez préparés. Afin de ne rien omettre, en particulier pour chaque mission temporaire, vous avez pris soin de noter :

- l'objet de la mission,
- à qui vous l'avez déléguée,
- sa finalité et ses objectifs,
- la marge de manœuvre du délégataire,
- l'enveloppe budgétaire,
- le délai final,
- les étapes intermédiaires,
- les contrôles et leurs modalités.

Pour conserver la maîtrise de ce qu'il délègue, le manager est tenu de contrôler les activités et les résultats de ses délégataires. Notons que notre verbe *contrôler* ne correspond pas exactement au *to control* des Américains, qui contient l'idée de *maîtrise* d'une action ou d'une situation, comme dans *self-control*, la maîtrise de soi. Parce que vous en avez la responsabilité, il est indispensable que vous contrôliez les actions que vous avez déléguées : *vous devez en avoir la pleine maîtrise*, car c'est à vous que votre supérieur hiérarchique demande de rendre compte.

La palette des méthodes de contrôle

Pour contrôler les résultats de ses délégataires, le manager dispose d'une palette de méthodes qu'il combine fréquemment entre elles. Commençons par passer en revue quatre méthodes de base : le contrôle direct, l'interrogation des clients internes ou externes, le pointage d'un planning, le tableau de bord de gestion.

Le contrôle direct

Dans certaines activités, le contrôle peut s'effectuer par examen direct des travaux du délégataire et de ses productions en fin de réalisation. Dans beaucoup de cas, il est également possible en cours de production, à des étapes prédéterminées, par exemple quand il s'agit de construire un bâtiment, d'agrandir un magasin de vente, ou de mettre en place un nouveau système de gestion des stocks.

Toutes les activités ne se prêtent cependant pas à une vérification en direct, parce que l'observation même déformerait le phénomène que l'on cherche à observer.

Dans le domaine bancaire, c'est le cas des entretiens conduits par les chargés de clientèle : « Que dit notre collaborateur quand il se trouve en entretien particulier avec un client ? Comment se comporte-t-il ? », remarque un directeur d'agence. Dans ce type d'activité, il faut faire confiance à son collaborateur et trouver d'autres voies pour contrôler les activités déléguées. La manière de les effectuer étant considérée comme une « boîte noire », l'observation ne peut porter que sur leurs effets. Dans le cas présent, il peut s'agir du nombre de produits bancaires placés en clientèle, par comparaison avec les performances d'autres chargés de clientèle qui travaillent dans des conditions analogues.

L'interrogation des clients internes ou externes

Parallèlement à la prise de connaissance directe des productions de ses collaborateurs, et dans les cas où celle-ci se révèle impossible, le délégateur a la possibilité d'interroger oralement ou par écrit les clients internes ou externes sur leur degré de satisfaction.

À titre d'illustration, voici quelques-unes des rubriques d'un document que le responsable d'un service « Travaux neufs » d'une usine sidérurgique adresse systématiquement après clôture de chaque mission aux destinataires des prestations de ses collaborateurs :

Vous êtes :

Totalement satisfait par la prestation ☐ Partiellement satisfait ☐*, Non satisfait ☐*

* Pour quelles raisons :

    Délai, Performances, Facilité d'utilisation, Fiabilité, Problèmes relationnels, Documentation, Contraintes nouvelles, Autres (à préciser) : ....

Aléas rencontrés après clôture de l'affaire : ....

Notons qu'une telle démarche n'est pas réservée aux seuls milieux industriels. Elle peut tout aussi bien être celle du contrôleur de gestion auprès des destinataires de ses travaux d'analyse d'écarts, ou du service informatique, ou encore de la DRH auprès de l'ensemble des salariés à propos des différents services qui dépendent d'elle : paie (clarté des documents), formation, cafétéria, informations sur le fonctionnement et les résultats de l'entreprise, etc.

Le pointage d'un planning

Qu'il s'agisse de mettre au point un nouveau moteur automobile, d'étudier un système informatique ou de préparer la réception annuelle des responsables d'agences de vente, il est indispensable que, dès le départ, le projet soit découpé en blocs de tâches, avec repérage des délais intermédiaires à tenir. Peu importe le moyen utilisé pour mémoriser le jalonnement de l'action (agenda, planning mural) et que ce moyen soit informatisé ou non. Ce qui compte, c'est d'être outillé pour vérifier en cours de route où l'on en est, afin de détecter les écarts et les dérives par rapport au programme. Ces moyens permettent au manager d'assurer son rôle de coordinateur de ce qu'il délègue à ses collaborateurs : il lui revient d'en assurer la cohérence.

Soulignons l'importance qu'il faut attacher au *respect des délais intermédiaires*. S'ils ne sont pas tenus, ou bien le délai final ne le sera pas, ou bien cela demandera énormément d'énergie — souvent au détriment d'autres activités — et beaucoup d'argent, par exemple en heures supplémentaires. Remarquons au passage qu'il n'est pas exclu que les conséquences négatives se cumulent ! C'est aussi dans ces moments-là que, faisant appel à des prestations extérieures, on se trouve en position de faiblesse pour obtenir des prix raisonnables. Les responsables de projet connaissent ce problème et savent que les opérations de rattrapage du délai final sont fréquemment la cause principale de dépassement des budgets : le temps, n'est-ce pas de l'argent ?

Remue-méninges !

Histoire de réfléchir là-dessus, voici une devinette dont vous trouverez plus loin la réponse :

Un automobiliste a prévu de parcourir un trajet de 20 km à la vitesse moyenne de 75 km/h. Par suite d'encombrements, la première moitié (10 km) est parcourue à 50 km/h seulement. À quelle vitesse faudrait-il parcourir les 10 kilomètres restants pour réaliser la moyenne prévue de 75 km/h sur la totalité du trajet ?

© Éditions d'Organisation

Le tableau de bord de gestion

Un tableau de bord de gestion regroupe des informations sélectionnées et présentées de manière synthétique, pour éclairer les décisions d'un manager et lui en faire connaître très rapidement les principales conséquences. Quatre finalités guident son organisation pratique :

- *analyser les tendances d'un phénomène* — rotation d'un stock, marge brute, indicateurs de qualité, etc. — pour en détecter les évolutions dans le temps ;

- *établir des comparaisons dans l'espace*, par exemple sur l'absentéisme des différents services d'une entreprise en recueillant, si possible, des informations sur le même phénomène dans des entreprises comparables ;

- *mettre en évidence les écarts* entre les objectifs et les réalisations correspondantes, par exemple en matière de ventes ou de coûts de production ;

- *détecter les problèmes de coordination* entre des activités qui concourent à un objectif global.

Au manager qui délègue à plusieurs collaborateurs ou équipes de collaborateurs, le tableau de bord permet de contrôler et de coordonner les activités dont il a la responsabilité à travers un ensemble de données chiffrées nécessaires et suffisantes. Il est ainsi en mesure de compléter, recouper et vérifier :

- ce qu'il a pu observer directement sur le terrain,

- les pointages des plannings,

- ce que lui ont rapporté individuellement ou collectivement ses délégataires,

- les informations recueillies auprès des clients de son secteur.

En synthèse des tableaux de chiffres et des graphiques, il est utile — c'est affaire d'appréciation personnelle — de regrouper l'ensemble des informations sur un tableau du type du schéma 22.

Catégories d'informations	Résultats en simulation		Écart sur objectif		Positionnement			
	mois n–1	mois n	mois n	Cumul annuel	Bon	Normal	Mauvais	Très mauvais
Absentéisme	5 %	7 %	—	—				↘
Stocks matières	101 t	120 t	– 5 t	—		=		
Ventes produits A	105 000 €	110 000 €	10 000 €	40 000 €	↗			
Ventes produits B	48 000 €	57 000 €	– 13 000 €	– 65 000 €				↓

**Schéma 22 • Exemple de récapitulation des éléments
d'un tableau de bord**

L'essentiel est de favoriser la clarté de la présentation et de mettre en évidence les informations significatives. Des commentaires se révèlent fréquemment nécessaires ; dans le cas du schéma 22, il peut y avoir plusieurs interprétations à l'augmentation du stock par rapport à la période précédente, selon qu'elle résulte d'un effort volontaire pour répondre à des besoins accrus dans les périodes à venir, ou d'un fléchissement de la demande qui n'a pas été répercuté sur les approvisionnements.

Trois conseils pour constituer et faire évoluer un tableau de bord

— Prendre garde à ce qu'il ne s'empâte pas au fil des ans à cause d'informations qui, n'ayant de valeur que durant une période limitée, l'encombrent ensuite ;

— veiller à l'harmonisation des définitions, notamment sur les ratios utilisés, afin que les responsables des différents niveaux (le manager, ses délégataires et son n + 1) parlent bien de la même chose ;

— trouver un juste équilibre concernant la précision des informations : mieux vaut un résultat globalement juste et rapidement édité que des statistiques fouillées à l'extrême et revêtant la précision comptable, que l'on mettrait des semaines à publier.

En se fondant sur les résultats, les ratios, les écarts partiels et cumulés, les tendances et les dérives mis en évidence, le manager est en mesure de prendre des décisions pour la suite des activités. Il peut le faire de manière autonome s'il estime que cela ne déborde pas de son propre espace de délégation, ou en accord avec son supérieur hiérarchique. Dans l'un et l'autre cas, ses décisions peuvent nécessiter une coordination avec des responsables d'autres secteurs de l'entreprise.

Adaptez vos méthodes et votre style

Tout comme aux stades précédents de la délégation, les méthodes de contrôle sont à adapter avec souplesse compte tenu des circonstances, de la nature des activités, des compétences et de l'expérience de vos délégataires par rapport à leurs tâches.

L'utilisation des outils de base, dont nous venons de rappeler les caractéristiques, doit-elle s'accompagner de relations directes pour faire le point avec vos collaborateurs ? Si vous travaillez de jour et si certains d'entre eux ont d'autres horaires — la nuit, le week-end —, la plupart de vos communications avec ces personnes passent nécessairement par la voie écrite, quels qu'en soient les supports (courrier électronique, tableau mural, Post-it, livre de bord, rapport d'activité), auxquels peuvent s'adjoindre des enregistrements sur messagerie vocale ou sur magnétophone. Le cas diffère un peu si vous dirigez des collaborateurs dans des établissements éloignés de votre base, quand leurs horaires recoupent totalement ou partiellement les vôtres : en complément de l'écrit, vous avez au moins la possibilité de dialoguer par téléphone.

Étant donné que rien ne remplace les contacts directs, il est souhaitable qu'en plus des relations à distance et par écrit, vous rencontriez régulièrement vos délégataires. Au cours d'entretiens individuels ou de réunions ? Tout dépend de ce qui est visé : tandis que les relations individuelles se prêtent au traitement des points délicats, les réunions sont préférables pour la coordination des décisions. Les rencontres en tête-à-tête se montrent particulièrement nécessaires avec les personnes nouvelles dans votre secteur, afin qu'elles puissent assimiler tout ce que vous attendez d'elles.

On ne connaît pas de formule mathématique qui permettrait de déterminer la périodicité optimale des points de contrôle. Chacun se rend compte que, dans un sens comme dans l'autre, tout excès est à proscrire. Si le manager doit veiller à ne pas laisser ses collaborateurs à l'abandon, il ne doit pas non plus leur demander sans cesse de lui rapporter leurs résultats : « Évitez que votre personnel ne passe son temps à rendre compte des choses qu'il aurait pu faire s'il n'avait pas été obligé de rendre compte », ironisait Auguste Detœuf en 1932 [1].

Là encore, c'est affaire de discernement : en période de soldes, le directeur d'un grand magasin se tient informé heure par heure du chiffre d'affaires des rayons de vente concernés, alors que ces informations ne lui remontent qu'une fois par jour dans les autres périodes.

L'exploitation des résultats

Elle concerne en premier lieu les résultats défavorables, afin de redresser au plus vite la barre, quand cela n'a pas été fait par vos délégataires qui se trouvent en première ligne. Elle s'applique également aux résultats meilleurs que prévu, ou simplement conformes aux objectifs. Combien de managers, accaparés par ce qui ne va pas, négligent de s'entretenir, ne serait-ce que quelques instants, avec ceux de leurs délégataires qui ne font jamais parler d'eux par des résultats insatisfaisants !

S'intéresser aux résultats favorables ou normaux ne revêt pas que l'aspect psychologique de donner du *feed-back*, c'est-à-dire nourrir en retour. Cela permet également de distinguer et mettre en valeur des méthodes de travail pouvant être, avec prudence et discernement, transposées vers d'autres postes de travail, ou même généralisées. Cette capitalisation des expériences positives constitue une retombée importante de l'exploitation des résultats des délégataires.

L'analyse des résultats défavorables doit s'attacher à déceler les causes des écarts : erreur humaine ? défaut de coordination ? manque d'information ? information tardive ? ou bien excès d'information (ce qui revient au même qu'un manque d'information), formation insuffisante ou inadaptée du

---

1. Auguste Detœuf, *Propos de O.L. Barenton, confiseur,* Éditions d'Organisation, Paris, 1982.

© Éditions d'Organisation

personnel, etc. ? Là aussi, il faut en tirer les enseignements afin de ne pas retomber à l'avenir dans les mêmes erreurs.

L'exploitation des résultats a d'autant plus de chances d'apporter des fruits quand le délégateur ne se comporte pas en simple *releveur des compteurs* : « Tes chiffres, tes chiffres ! », se contentent de demander à la hâte certains managers qui restent enfermés dans une conception technocratique de leur fonction. Il ne s'agit pas seulement de travailler avec votre délégataire sur le *combien*, mais de passer du temps avec lui sur le *comment* il a abouti aux résultats. Même si vous n'êtes pas satisfait, ne commencez pas par l'attaquer, ce qui le mettrait immédiatement sur la défensive ; sauf cas exceptionnel, *rendre compte*, ce n'est tout de même pas la même chose que *rendre des comptes* ! Commencez plutôt par vous placer sur le mode interrogatif, montrez-vous curieux, ouvert, réceptif. Demandez-lui de vous expliquer les circonstances des activités en question et ce qui l'a conduit au choix de sa méthode de travail. En lui faisant décrire ce qui s'est passé, vous l'amènerez à se l'expliquer à lui-même, à clarifier les tenants et les aboutissants des problèmes qu'il a rencontrés, à mieux comprendre ses erreurs éventuelles, à découvrir de lui-même des solutions. Conseillez-le, donnez-lui des pistes afin qu'il s'améliore pour la suite de l'action en question et pour les autres.

Ayant bien écouté et conseillé, n'hésitez surtout pas à dire ce que vous avez à dire et, s'il le faut, à exprimer clairement votre mécontentement, en particulier si vous avez affaire à une forte tête ou à un récidiviste. L'accumulation des griefs n'apporte rien à personne, tant à celui qui les rumine qu'à celui qui en est l'objet et que l'on n'avertit pas. Ne vous comportez pas comme ces cadres qui, faisant preuve d'une indulgence quelque peu hypocrite, attendent des mois et des années avant de demander à leur DRH de licencier un agent qu'ils avaient pourtant bien noté, histoire de ne pas faire de vagues. Mieux vaut avoir le courage de dire le plus tôt possible ce qui ne va pas et, par là même, de donner à la personne une chance de s'améliorer.

L'exploitation des résultats de vos collaborateurs est à mettre à profit pour entretenir et favoriser la dynamique de la délégation. Ne manquez pas de souligner les progrès réalisés, d'encourager votre collaborateur et d'assurer votre rôle de coach (nous allons creuser cet aspect de la délégation avec la règle n° 7). Si votre délégataire se trouve à la mi-temps d'une mission, aidez-le à trouver le souffle nécessaire à la réalisation complète. Profitez-en pour lui rappeler la direction à suivre et les finalités que vous lui avez assignées : il est parfois nécessaire qu'il se trouve dans le bain pour saisir pleinement le *pourquoi* d'une activité. Quand il s'agit d'une fin de mission, anticipez sur l'entretien annuel d'évaluation-évolution, par exemple en l'amenant à tirer lui-même des leçons pour l'avenir à partir de ce qu'il vient de réaliser.

Par rapport à la motivation de votre délégataire, ne perdez pas de vue l'importance des objectifs qu'il poursuit à travers ses activités professionnelles. Dans la mesure où vous les avez discernés, ne manquez pas de faire en sorte qu'il évalue ce qu'il vient de réaliser par rapport à ses propres buts. Pour qu'une personne se sente motivée, il ne suffit pas qu'elle atteigne les résultats que vous lui fixez. Avant tout, il faut qu'elle puisse tirer de la satisfaction par rapport à ses objectifs de développement professionnel et que cela aille dans le sens de sa stratégie personnelle. Si tel est le cas, elle se trouve renforcée dans sa motivation à se comporter en délégataire interactif.

Réponse à la devinette sur les délais intermédiaires

La réponse spontanée (et erronée) est fréquemment « 100 km/h », mais il n'en est rien. Un petit calcul arithmétique donne ceci :

Temps total nécessaire pour parcourir 20 km à 75 km/h : 60' × 20 / 75 = 16'

Temps consommé pour la première moitié du parcours : 60' × 10 / 50 = 12'

Il reste donc quatre minutes pour les dix derniers kilomètres, soit à la vitesse de : 10 km × 60 / 4= 150 km/h.

En dehors du fait que ce serait illégal en France, n'oublions pas que l'énergie nécessaire est proportionnelle au carré de la vitesse. N'en va-t-il pas de même pour les énergies, dont le stress, quand il s'agit de rattraper des retards dans le travail ?

Faisons le point sur la règle 6

Boucler le cycle de la délégation	Référez-vous à ce que vous avez noté au départ : objet de la mission, à qui, dans quel but, avec quelle marge de manœuvre, dans quelle enveloppe budgétaire, pour quand, avec quelles étapes intermédiaires et quels modes de contrôle ?
Les méthodes de contrôle	Contrôle direct.
	Interrogation des clients internes ou externes.
	Pointage d'un planning.
	Tableau de bord de gestion.
Adapter ses méthodes et son style	En plus des relations écrites et téléphoniques, ménagez des contacts directs avec vos délégataires.
	Entretiens individuels : pour les points délicats.
	Réunions : pour coordonner les décisions.
	Fréquence des points de contrôle : à moduler avec discernement.
L'exploitation des résultats	S'intéresser en priorité aux résultats défavorables.
	Ne pas négliger les délégataires dont les résultats sont conformes ou meilleurs que prévu.
	Analyser les causes des résultats.
	Capitaliser les expériences.
	Ne pas se limiter aux résultats : travailler avec le délégataire sur le plan de ses méthodes.
	Avoir le courage de dire ce qui ne va pas.
	Encourager son délégataire.
	S'intéresser à sa motivation par rapport à sa stratégie.

Et vous-même, où en êtes-vous ?

Nous vous proposons de vous attribuer une note de zéro à dix points (la note la plus basse est 0 et la plus forte est 10) pour chacune des affirmations suivantes :

		Note attribuée ▼
1	J'attache de l'importance à **la maîtrise des actions que je délègue** à mes collaborateurs.	
2	Je dispose de **méthodes et d'outils** (planning, tableau de bord, etc.) **adaptés à la nature des activités** que j'ai à contrôler.	
3	**Je ne laisse pas passer les contrôles intermédiaires** qui ont été programmés.	
4	Je m'efforce de connaître la **satisfaction des clients internes et externes de mes délégataires.**	
5	Je veille à avoir des **contacts directs avec mes délégataires**, en plus des relations écrites et téléphoniques.	
6	Je fais en sorte que la **fréquence des points de contrôle** soit adaptée à la nature des activités, aux personnes et aux circonstances.	
7	Je m'intéresse aux **résultats favorables ou simplement conformes** et ne manque pas de faire part de ma satisfaction à mes délégataires.	
8	J'analyse avec mes délégataires leurs **méthodes de travail** afin de les conseiller pour la suite de leurs activités.	
9	Je n'hésite pas à **dire franchement à mon délégataire ce qui ne va pas.**	
10	**J'encourage mon délégataire** à partir de ce que nous avons analysé ensemble à partir de ses résultats.	
	Total obtenu sur 100 points possibles :	
	En prendre le dixième pour obtenir la note sur dix :	

À présent, veuillez reporter la note obtenue sur le diagramme récapitulatif situé à la fin de la deuxième partie, page 151. Qu'en pensez-vous, notamment par comparaison avec l'estimation globale que vous avez réalisée en introduction de cette deuxième partie ?

Chapitre 7

Règle 7 :
Se comporter en coach
de ses délégataires

Après avoir identifié la fonction de coaching inhérente au rôle de délégateur, vous saurez comment *adopter des comportements de manager-coach dans les différentes circonstances de vos activités d'encadrement.* Et, *si vous êtes en position de manager de managers, vous disposerez de repères spécifiques* pour inciter les managers que vous encadrez à assurer eux-mêmes leur rôle de coach vis-à-vis de leurs collaborateurs.

Coaching or not coaching ?

Le fait de donner du champ à des délégataires doit-il conduire à les lâcher dans la nature sans appui possible de la part de leur manager ? Certainement pas ! Il est vrai que le traitement des difficultés rencontrées dans les actions quotidiennes contribue au développement professionnel et que, chemin faisant, l'entreprise peut se révéler autoformante ; mais cela ne suffit pas, de même qu'il ne suffit pas de confier à des formateurs internes ou externes des actions de perfectionnement visant à pallier des lacunes ou anticiper des besoins nouveaux. Il est nécessaire que le manager se comporte lui-même en entraîneur de ses équipiers, qu'il soit leur « coach », comme on dit couramment de nos jours.

Là-dessus, les opinions divergent : les uns avancent que le coaching ne peut être assuré que par des consultants extérieurs ; d'autres considèrent qu'en plus de ses rôles de leader d'influence, d'organisateur et de gestionnaire le manager est également tenu de se comporter en coach de ses équipiers.

Vous avez dit coach ?

À l'origine, ce terme s'appliquait à la conduite sportive d'attelages de chevaux. À présent, il est d'usage courant dans le sport de haut niveau, où il désigne des entraîneurs qui préparent des compétiteurs en les aidant à :

- canaliser leur dynamisme vers des objectifs soigneusement définis ;
- gérer le temps sur des carrières relativement brèves : une gymnaste âgée de vingt ans seulement se trouve déjà en fin de carrière !
- progresser le plus rapidement possible, mais sans sauter les étapes, sans perdre les fondamentaux acquis dès le plus jeune âge, en y revenant si nécessaire ;
- le moment venu, être totalement persuadés qu'ils sont capables de réussir une très grande difficulté. Par exemple, en patinage artistique, passer régulièrement en compétition le quadruple-boucle piquée. À l'étape suivante, ce sera le saut combiné : quadruple suivi d'un triple ;
- maîtriser leur stress, garder tout leur calme afin de libérer le maximum d'énergie à l'instant voulu. Remarquons qu'il est nécessaire de se trouver totalement relaxé, c'est-à-dire *détendu*, juste avant de se *détendre*, tel un ressort, pour sauter à la perche, marquer un but de la tête ou réussir une figure gymnique complexe et périlleuse ;
- conjuguer le plus judicieusement possible les qualités individuelles et l'efficacité du groupe dans les sports collectifs : football, handball, rugby, etc.

On notera que, tel le conducteur d'attelages de chevaux, le coach sportif ne se contente pas de prodiguer des conseils : il se comporte en conducteur, car c'est lui qui dirige. Remarquons l'analogie, chargée de sens, entre la conduite du cheval (symbole onirique de l'énergie psychique) et celle du jeune sportif, que l'on nomme d'ailleurs familièrement « poulain ». Dans les deux cas, il s'agit de canaliser l'énergie, de la discipliner, parfois de la solliciter ou de la réveiller dans les moments d'indolence ou de découragement. Bref, de la maîtriser afin d'atteindre des objectifs extrêmement ambitieux dans le respect des règles de sa *discipline* sportive. Soulignons encore la stimulation psychologique qui permet de franchir des limites considérées comme mythiques et quasi infranchissables à un moment donné, par exemple passer sous les dix secondes au cent mètres.

Nous voyons que le coaching comporte deux aspects différents et complémentaires :

- d'une part, la conduite directe de collaborateurs ayant à réaliser des performances toujours plus élevées ;

- d'autre part, un travail sur le plan personnel visant à identifier et dépasser les blocages psychologiques qui freinent l'individu. Quand bien même le manager posséderait la sensibilité et la formation requises, il ne se trouverait pas en position de conduire des entretiens approfondis sur le plan psychologique.

Au cours d'un cycle de coaching personnalisé, les analyses effectuées sortent nécessairement du cadre du travail, pour se centrer sur les interactions entre la trajectoire professionnelle et le développement personnel. Cela n'est plus du ressort du manager et doit être confié à un consultant, un coach externe à l'entreprise, tenu à la confidentialité par rapport à tout ce qui se dit dans le cycle qu'il prend en charge [1].

À notre sens, pour le manager, la fonction de coaching dans son acceptation d'« entraîneur » ne se trouve pas gommée pour autant. Ses délégataires ont besoin au quotidien de son enthousiasme face aux difficultés, de son calme dans la tempête, de sa constance à tendre vers des buts définis le plus clairement possible, de ses encouragements, de ses conseils, de son exigence sur les résultats quantitatifs et qualitatifs.

Dans quelles circonstances ?

« Encore un boulot supplémentaire ! » diront certains. À vrai dire, non, car le coaching réalisé sur le terrain par celui qui encadre une équipe ne vient pas se juxtaposer à ses autres activités de management : il en fait intégralement partie. Constituant l'une des dimensions essentielles du métier de manager délégateur, il se traduit par un style, une manière d'être à travers les contacts quotidiens :

---

1. Nous exposons dans la troisième partie de cet ouvrage notre conception d'un cycle de conseil personnalisé centré sur la délégation.

- au lancement d'une action, en expliquant son contexte, ses difficultés, sa finalité et son intérêt ;

- dans le cours même de l'action, notamment quand des difficultés particulières doivent être affrontées ;

- lors des contrôles intermédiaires et du contrôle final.

Les événements moins fréquents qui jalonnent la vie d'une équipe se prêtent également à l'exercice du coaching :

- l'entretien annuel d'évaluation-évolution pour faire le point sur la période écoulée et préparer le délégataire à affronter les difficultés de la période qui s'ouvre, en lui en montrant non seulement les difficultés qu'il aura à affronter, mais également l'intérêt qu'il pourra y trouver ;

- l'élaboration, puis la mise en place de nouvelles règles organisationnelles, en faisant participer les délégataires à ce qui les concerne directement.

Remarquons également que les actions de formation, qu'elles aient lieu dans l'entreprise ou à l'extérieur, sont des moments forts pour que le manager s'intéresse aux progrès de ses collaborateurs. Il est indispensable qu'il souligne l'intérêt des programmes au moment du lancement, qu'il leur prodigue ses encouragements et qu'au retour il fasse avec eux le point sur les manières d'intégrer ce qu'ils ont appris.

Comment se comporter en coach ?

Voici un ensemble de comportements recommandés au manager qui vise à entraîner ses délégataires vers plus d'autonomie et d'efficacité :

- Montrez-vous le plus constamment possible enthousiaste, optimiste, dynamique.

- Efforcez-vous de prendre sur vous quand ça ne va pas, quand les circonstances sont difficiles, ou quand vous ne vous sentez pas en forme : cela ne doit pas transparaître !

- Traitez vos délégataires en adultes, ne les maternez pas, ne prenez pas à leur place des décisions qui relèvent de leurs délégations.

- Encouragez-les, donnez-leur du *feed-back* positif : il suffit parfois d'un mot, voire d'un sourire ou d'un geste, par exemple un pouce levé pour dire « Chapeau ! ».

- Prodiguez-leur des conseils, incitez-les à trouver par eux-mêmes des solutions aux problèmes qu'ils rencontrent.

- Éclairez-les sur les manières possibles d'accroître leur contributivité : choix du *quoi faire* au bon moment, choix du *comment faire* adapté à la personne et aux circonstances.

- Conseillez-leur (ou donnez-leur, selon le degré de maturité) des méthodes leur permettant de mieux travailler en équipe, de se déléguer latéralement des tâches, de se former réciproquement : par exemple, ne pas laisser un collègue planté devant son ordinateur alors qu'un autre sait comment résoudre la difficulté.

- Insistez pour qu'ils pensent « méthode » avant de demander des moyens supplémentaires : comment mieux agencer les moyens dont ils disposent à un instant donné.

- Apprenez-leur ou remettez-leur en mémoire des méthodes de résolution de problèmes (en particulier l'identification des causes).

- Donnez-leur des clés pour maîtriser leur temps, par exemple grâce à la planification et la prévention, ou en repérant les activités pouvant être réalisées en parallèle (en temps masqué), ou encore celles qu'il vaut mieux grouper pour les réaliser plus rapidement.

Au-delà des pratiques quotidiennes, se comporter en coach veut également dire : inciter ses délégataires à se surpasser, à dépasser leurs limites, les amener à faire plus et mieux que ce qui leur est habituel. Certes, il est bon de connaître ses limites et d'avoir conscience des difficultés à surmonter, mais cela ne doit pas conduire à des blocages. On a dit de quelqu'un qui venait de réussir une performance hors du commun : « Il a réussi parce qu'il ignorait que, jusqu'à présent, c'était considéré comme impossible. »

En entreprise, les normes qualitatives et quantitatives s'élèvent au fil des ans et il faut par conséquent dépasser sans cesse les limites pour élever les performances. Comment s'y prendre ? En plus des relations individuelles de coaching, appuyez-vous sur la dynamique de groupe et jouez le collectif. Si l'on se réfère à nouveau à l'univers du sport, remarquons que cela peut très bien fonctionner, y compris dans les disciplines individuelles.

Pour s'en convaincre, il suffit de se remémorer les performances de l'équipe de France de tennis en coupe Davis, où un travail de groupe considérable est réalisé par le capitaine et toute l'équipe dirigeante et accompagnatrice. Bien qu'il s'agisse d'un sport individuel et que les Français soient plutôt considérés comme des individualistes, les résultats sont le plus souvent excellents. Alors que, nominativement, les joueurs sélectionnés se situent souvent à un rang inférieur à ceux de leurs adversaires des phases finales, ils se surpassent quand ils se retrouvent en équipe de France et gagnent des tournois. Voilà une belle preuve que le coaching, l'esprit d'équipe et la dynamique de groupe, ça fonctionne et que c'est très efficace !

Encore deux points extrêmement importants :

• en tant que manager-coach, ne perdez pas de vue que vous devez vous montrer exemplaire dans votre conduite ;

• n'oubliez pas que vous ne devez jamais trahir la confiance de vos délégataires, surtout en cas de coup dur, par exemple quand votre n + 1 s'en mêle. Ne vous livrez surtout pas à cette sorte d'esquive que savent exécuter certains petits malins qui s'arrangent pour que retombent directement sur un ou plusieurs de leurs subordonnés les reproches ou la colère de leur propre supérieur hiérarchique. Sauf cas pendables, fautes graves ou lourdes de votre délégataire — mais cela n'arrive tout de même pas tous les jours —, il vous appartient d'assumer les conséquences de vos méthodes de délégation.

Sans exemplarité et sans confiance, vous perdriez la face et toute possibilité d'influencer et d'entraîner vos équipiers.

Et si vous êtes manager de managers

Si au moins un de vos subordonnés directs assure des fonctions de management, vous vous trouvez en situation de management de managers (voir schéma 23).

Pas de management de managers	Vous n'encadrez que des collaborateurs qui n'encadrent personne	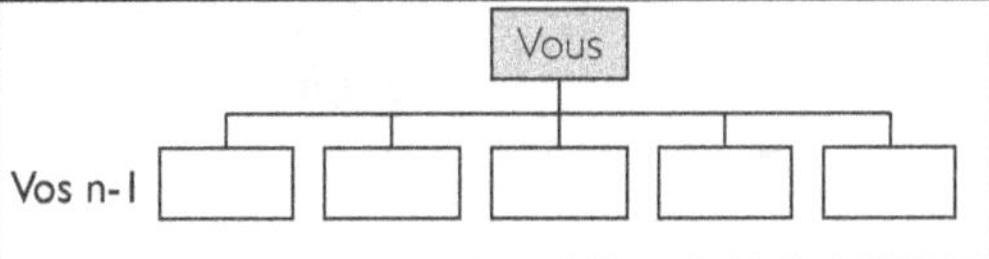
Management de managers	SITUATION 1 : Vous êtes manager d'au moins un manager	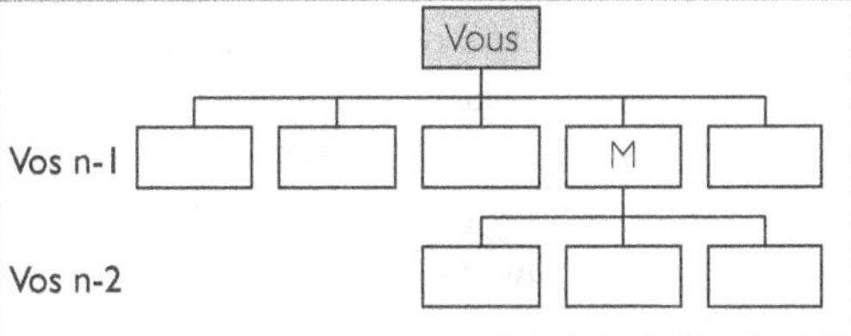
	SITUATION 2 : Au moins un des managers que vous dirigez est lui-même manager de managers	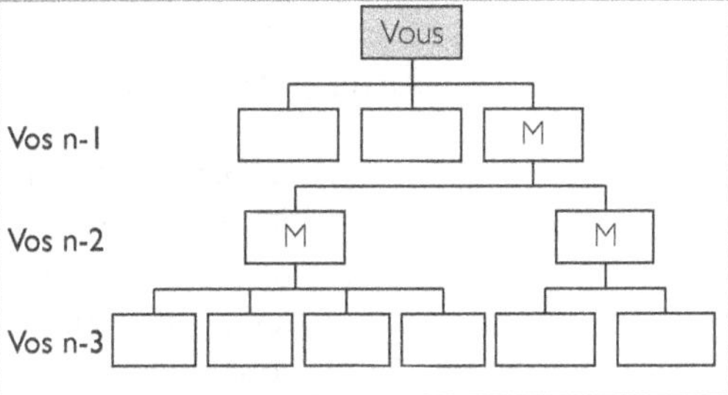

Schéma 23 • Les situations de management de managers

Il ne vous suffit pas de contrôler le respect des objectifs que vous avez donnés aux managers que vous encadrez : vous devez également attacher de l'importance à la manière dont ils obtiennent leurs résultats, en particulier à leurs méthodes de délégation.

Il s'agit de leur appliquer les recommandations contenues dans cet ouvrage, c'est-à-dire les inciter à tenir compte du champ interactif dans lequel ils se situent et à tirer profit des sept règles d'or que nous vous avons présentées. En particulier, les conduire à :

- mettre en œuvre un management délégatif différencié selon les personnes, les activités et les circonstances ;

- s'intéresser aux spécificités de leurs délégataires, à leurs idées et à leurs potentialités ;

- se comporter en leaders de leurs groupes et en assurer le coaching ;

- conjuguer la directivité (orientée vers les buts à atteindre) et l'interactivité, en ouvrant progressivement le champ d'initiative de leurs collaborateurs ;
- conserver l'entière maîtrise de ce qu'ils délèguent.

Quand vous détectez chez eux des lacunes, par exemple dans la gestion du temps, n'hésitez pas à leur prodiguer vos conseils et, si besoin est, à les pousser à se perfectionner par une formation externe. Soulignons qu'il ne s'agit pas de leur imposer d'appliquer à la lettre vos méthodes personnelles : ne cherchez surtout pas à en faire des clones de vous-même ! Votre rôle de coach consiste à aider chacun d'eux à construire son propre style de management, en harmonie avec le style général que vous impulsez dans l'ensemble du secteur dont vous avez la responsabilité.

Le volet « management » est, bien évidemment, à inclure dans les entretiens annuels d'évaluation-évolution que vous conduisez avec ces personnes ; il en constitue un moment particulièrement important. C'est l'occasion de faire le point sur les nécessaires voies d'amélioration de leurs comportements managériaux et de leur fournir quelques repères structurés. Vous pouvez à ce moment-là suggérer d'utiliser un tableau d'auto-contrôle de la progression, dont voici un tracé sur lequel nous avons fait figurer quelques exemples d'objectifs de progrès.

Auto-appréciation durant une période d'auto-observation				
Exemples d'actions mises sous auto-contrôle	- -	-	+	++
1 Définir en termes de résultats les objectifs de chacun de mes délégataires.	III	II	I	
2 M'appuyer sur les points positifs de mes délégataires x et z.		I	II	III
3 Préciser pour les missions temporaires le type de délégation que je donne (uniquement la méthode, le choix des moyens, et jusqu'où, etc.).	I	II		
4 Refuser de prendre les décisions qui reviennent à mes collaborateurs dans le cadre de leurs délégations.			II	III
5 Faire systématiquement le point sur les missions temporaires et particulières.	II	I		

Durant une période d'observation à convenir, par exemple un mois ou un trimestre, l'intéressé fait le point des situations qui correspondent à chacun des axes de progrès définis et inscrit chaque fois un bâton dans la colonne qui correspond à son auto-estimation : de « - - » (très mal) à « ++ » (en net progrès). Il apparaît sur cet exemple que, pour l'action 1, il a eu trois fois l'occasion de s'apprécier très défavorablement, deux fois défavorablement et une fois plutôt bien.

Pour être efficace, il vaut mieux ne pas sélectionner trop d'axes de progrès à mettre sous auto-contrôle : ce serait irréaliste. Il est préférable que vous dégagiez avec votre collaborateur quelques objectifs prioritaires d'amélioration de ses comportements de manager délégateur, disons, au plus, cinq axes. Ultérieurement, vous pourrez lui recommander de travailler sur de nouveaux objectifs, mais tout ne peut pas être réalisé en même temps. Ajoutons qu'il vaudrait mieux ne pas attendre le prochain rendez-vous annuel pour faire avec lui le point sur ses progrès.

Remarquons que, si votre n - 1 se trouve en position de manager de managers (situation n° 2 du schéma 23), il serait bon de lui recommander de se conduire, lui aussi, en coach des managers qu'il encadre. Dans la foulée, il n'est sans doute pas inutile que vous lui donniez quelques conseils sur la manière de s'y prendre.

En définitive, le coaching de vos managers constitue une activité à effet de levier particulièrement profitable. En retour des investissements qu'il nécessite — disponibilité, temps, énergie personnelle à communiquer —, les bénéfices se révèlent très importants :

- en incitant vos n – 1 à améliorer le fonctionnement de leurs équipes et, partant, l'efficacité générale du secteur que vous encadrez ;

- en favorisant leur disponibilité personnelle, d'où la possibilité de leur déléguer certaines activités qu'ils ne pourraient pas prendre en charge s'ils pratiquaient un management centralisateur.

Autre retombée non négligeable : vous perfectionner vous-même dans les méthodes du management délégatif. C'est peut-être paradoxal, mais il a été constaté que c'est le formateur qui tire le plus grand avantage d'une action de formation, en raison de l'effort de structuration qu'il est obligé de s'imposer au stade de la préparation. Le fait de vous comporter en coach formateur vous poussera tout naturellement à conceptualiser les principales méthodes de délégation, à mieux les assimiler et, finalement, à mieux les utiliser vous-même.

Notons enfin que, dans votre cursus personnel de formation continue, il serait peut-être bon d'intégrer une initiation à la pédagogie des adultes qui porterait sur la définition des objectifs pédagogiques et l'art d'enseigner dans différentes circonstances : en tête-à-tête, à une personne, à un groupe, en salle de formation ou sur le terrain.

Faisons le point sur la règle 7

Le coaching, un des aspects du management	Deux axes complémentaires pour le coaching : • un travail approfondi sur le plan personnel : à confier à un coach externe à l'entreprise ; • un entraînement, un encouragement, une mise sous tension positive à propos des activités à réaliser : à assurer par le manager.
Une pratique constante	Le coaching est intégré au management : • au lancement des actions, • dans le cours des actions, • lors des contrôles des actions, • au cours des entretiens d'évaluation-évolution, • dans les opérations d'organisation, • à l'occasion des actions de formation.
Les comportements du manager-coach	Encouragez et conseillez vos délégataires afin qu'ils soient plus autonomes et efficaces. Incitez-les à dépasser leurs limites. Appuyez-vous sur la dynamique de groupe. Montrez-vous exemplaire dans votre conduite. Ne trahissez jamais la confiance de vos délégataires.
Et si vous êtes manager de managers	Ne vous limitez pas à l'examen des résultats de vos délégataires en situation de managers : intéressez-vous au *comment* de ces résultats. Incitez-les et aidez-les à appliquer les règles d'or de la délégation. Définissez avec eux des axes de progrès.

Et vous-même, où en êtes-vous ?

Nous vous proposons de vous attribuer une note de zéro à dix points (la note la plus basse est 0 et la plus forte est 10) pour chacune des affirmations suivantes :

		Note attribuée ▼
1	Je communique **mon enthousiasme** à mes collaborateurs.	
2	Je mets à profit les différentes phases des actions (lancement, résolution des difficultés, contrôles intermédiaires et contrôle final) pour **me comporter en coach** de mes délégataires.	
3	Je m'appuie sur les **actions de formation** de mes délégataires pour les encourager à progresser sur des points précis.	
4	Je donne du **feed-back positif** à mes délégataires quand je suis satisfait de leurs résultats.	
5	**Je conseille mes délégataires** pour s'organiser et vaincre les difficultés qu'ils rencontrent dans leur travail.	
6	**Je prends sur moi** quand les circonstances sont difficiles ou quand je ne me sens pas en forme personnellement, afin que cela n'atteigne pas le dynamisme de mes délégataires.	
7	J'encourage **le travail en équipe** de mes collaborateurs.	
8	Je me montre **exemplaire** dans ma conduite.	
9	Je fais régulièrement avec chaque délégataire **le point sur ses progrès**.	
10	**Je me montre constamment exigeant** sur les aspects quantitatifs et qualitatifs des résultats de mes collaborateurs, afin de les inciter à faire toujours mieux.	
	Total obtenu sur 100 points possibles :	
	En prendre le dixième pour obtenir la note sur dix :	

À présent, veuillez reporter la note obtenue sur le diagramme récapitulatif situé à la fin de la deuxième partie, page 151. Qu'en pensez-vous, notamment par comparaison avec l'estimation globale que vous avez réalisée en introduction de cette deuxième partie ?

En conclusion des sept règles d'or

Le schéma 24 récapitule l'auto-évaluation que vous avez réalisée pour chacune des règles de la délégation.

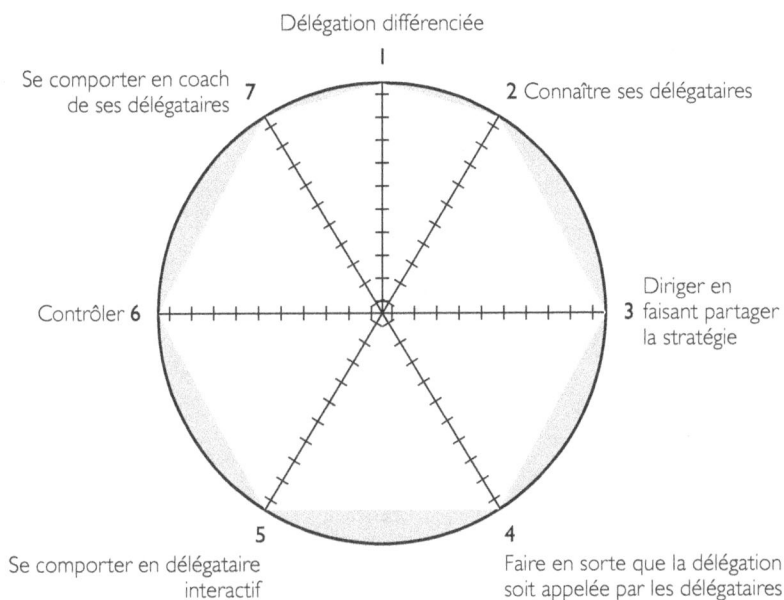

Délégation différenciée

Se comporter en coach de ses délégataires **7**

2 Connaître ses délégataires

Contrôler **6**

3 Diriger en faisant partager la stratégie

5 Se comporter en délégataire interactif

4 Faire en sorte que la délégation soit appelée par les délégataires

Schéma 24 • Votre évaluation à l'issue de l'étude des règles de la délégation

Nous vous invitons à présent à dégager quelques axes de progrès prioritaires visant à améliorer vos comportements de délégateur, en utilisant par exemple un tableau de ce type :

Auto-appréciation durant une période d'auto-observation				
Mes propres axes de progrès	- -	-	+	++
1				
2				
3				
4				
5				

PARTIE III

VOUS AIDER À PROGRESSER

OBJECTIF

À la fin de cette dernière partie, **vous disposerez de moyens pour dépasser l'auto-appréciation. Vous connaîtrez des démarches** qui permettent de savoir comment vous êtes perçu par votre entourage professionnel, dans le but d'améliorer durablement vos comportements en situation de délégation.

Chapitre 1

Dépasser les limites
de l'auto-appréciation

Pour progresser dans vos pratiques quotidiennes de management, il vous est possible — nous vous le recommandons — de travailler sur ce que vous avez dégagé à partir des règles d'or de la délégation, plus précisément sur les objectifs de progrès que vous venez de récapituler en conclusion de la deuxième partie de ce livre. Ce sera un premier pas, mais il vous faudrait aller plus loin encore.

Une remarque s'impose en effet à propos des limites de validité de toute auto-appréciation : ne risque-t-on pas de se montrer particulièrement indulgent avec soi-même ou, à l'inverse, injustement sévère ? Ne manque-t-on pas d'objectivité et de recul en opérant de la sorte ? Même si nous nous efforçons de traiter avec la plus grande honnêteté du monde les items d'un auto-test, sommes-nous certains de nous référer à ce que nous faisons réellement ? En retrouvant des réflexes quelque peu scolaires, n'avons-nous pas tendance à chercher à deviner ce que pourrait bien être la « bonne réponse », perdant ainsi de vue comment nous agissons dans le quotidien ? Ne sommes-nous pas enclins à introduire dans nos estimations une part de ce que nous souhaiterions, autrement dit à mettre de la subjectivité dans ce qui se voudrait le plus descriptif, le plus objectif possible ? Et puis, quand bien même nous serions totalement lucides sur nos comportements, il est un point capital qu'il faudra bien éclaircir pour progresser dans la bonne direction : « Comment suis-je perçu par mon entourage ? » Si vous estimez par exemple que vos propos sont de nature à encourager vos délégataires, est-il exact que ceux-ci les reçoivent comme des encouragements ? Cela vaut la peine d'être vérifié.

Le 360°

Cet outil permet d'interroger des personnes avec lesquelles travaille un manager : son supérieur hiérarchique, des collègues de même niveau et tout ou partie de ses subordonnés directs. À l'aide d'une batterie de questions, il leur est demandé de décrire ses comportements. Précisons que, par *comportements*, sont entendues des manifestations perceptibles par autrui : paroles d'encouragement ou de reproche, formulation verbale ou écrite d'une directive, tonalité des paroles ou d'une note de service, soupirs, mimiques, poses corporelles, gestes, regards, sourires, rires joyeux, rires jaunes, rires sarcastiques, etc. Avoir l'intention de paraître aimable ne constitue pas un comportement, alors que sourire en est un. En matière de délégation, il ne s'agit pas de savoir si le manager estime qu'il est important de souligner les résultats positifs de ses délégataires ; il importe de vérifier si, *effectivement*, les délégataires en question constatent que leurs résultats positifs sont soulignés par lui, avec quelle fréquence et quelle intensité.

Voici deux exemples extraits du 360° que nous utilisons dans nos cycles personnalisés de perfectionnement à la délégation :

Item	Proposition
Degré d'autonomie de la délégation	Adapte le degré d'autonomie de la délégation donnée en fonction de l'expérience du délégataire par rapport à la tâche
En cas de résultats insatisfaisants	Dit clairement ce qui n'est pas satisfaisant dans les résultats obtenus

Pour chacune des propositions, il est demandé de situer le comportement perçu sur une échelle de cinq degrés : toujours vrai, assez vrai, moyennement vrai, peu vrai, jamais vrai.

Comme il en est de tous les outils intellectuels ou matériels, le 360° vaut par l'utilisation que l'on en fait. Certaines entreprises, qui l'utilisent pour évaluer et noter les membres de l'encadrement, ne prévoient pas l'accompagnement des personnes évaluées ; dans ces conditions, les impacts sont plutôt faibles, voire négatifs. D'autres considèrent que le 360° constitue l'un des moments

d'un cycle où se conjuguent l'évaluation et le perfectionnement de leur encadrement : c'est dans cette perspective que nous en concevons l'utilisation.

Un nécessaire travail sur le plan des attitudes personnelles

Pour qu'une personne progresse — dans ses activités professionnelles ou
ailleurs —, il ne lui suffit pas de travailler au plan comportemental. C'est un
premier pas, mais ce n'est qu'un premier pas en ce sens que les progrès
accomplis ponctuellement risquent fort de ne pas se stabiliser : chassez le
naturel, il revient au galop ! Il lui faut effectuer un travail plus profond, car,
tout en étant influencés par le milieu et les circonstances, ses comportements
reposent sur des *attitudes psychologiques*. Il s'agit de dispositions qui, à un
niveau non réfléchi, sous-tendent la personnalité. Le plus souvent à l'insu du
sujet, elles s'extériorisent à travers des jugements de valeur, des critères de
décision, des conduites, des comportements.

Certaines attitudes psychologiques favorisent l'exercice du management. Il
est préférable que le manager se sente positif, dynamique, et qu'il soit poussé
par un enthousiasme naturel. Son optimisme lui fait voir en priorité les points
forts chez ceux qui l'entourent, notamment ses délégataires. Il se trouve de la
sorte disposé à faire des paris positifs sur eux et à favoriser leurs progrès, en
n'effectuant pas des arrêts sur image à un moment de leurs trajectoires individuelles. En coexistence plus ou moins pacifique avec ces attitudes favorables,
on rencontre fréquemment chez une même personne des attitudes qui rendent
problématique l'exercice du management : par exemple le scepticisme sur les
possibilités d'évolution du genre humain, ou bien une prudence excessive qui
rend difficiles et retarde les prises de décision.

Rendre problématique ne signifie pas pour autant empêcher de pratiquer le
management. L'antique « Connais-toi toi-même » invite chaque personne à
prendre conscience des constituants de sa singularité : ses forces, ses
faiblesses, ses tiraillements intimes entre les tendances contradictoires qui
l'habitent et qui la font agir. Par exemple, un grand besoin de sécurité qui,
tout en contrariant quelque peu une grande soif de réalisation, lui permet de
compenser ses élans par trop exaltés et parfois imprudents. Se connaître soi-

même permet à chacun de maîtriser ce qu'il pourrait avoir d'excessif dans un sens ou dans l'autre, par exemple une confiance inconditionnelle en ses délégataires ou, à l'inverse, aucune confiance. Cette prise de conscience et cette meilleure maîtrise (elle ne sont évidemment jamais absolues) se révèlent particulièrement précieuses quand il s'agit d'adapter ses comportements aux circonstances et aux interlocuteurs. En accroissant l'imprévisibilité comportementale, elles limitent les risques d'être manipulé par les autres (supérieur hiérarchique, collègues, collaborateurs). Une méconnaissance de ce qui nous pousse à agir tendrait à rendre automatiques nos comportements et, partant, offrirait des prises faciles, des leviers de manipulation, à ceux qui nous entourent. Mieux vaut se connaître soi-même, ne serait-ce que pour éviter cela.

L'élucidation des attitudes profondes peut, dans un premier temps, être réalisée par le manager en personne. Avec cette approche, il risque cependant de buter rapidement sur les limites de toute introspection. Pour accepter la vérité la plus juste possible — elle n'est pas toujours agréable à entendre —, l'effet miroir d'un diagnostic réalisé par un spécialiste non impliqué dans la situation se révèle nettement plus productif. Ce travail demande à être réalisé avec l'aide d'un conseiller, un coach externe à l'entreprise. Il incite le manager à prendre du recul, à y voir plus clair dans sa position institutionnelle et dans ses relations personnelles, tant avec son supérieur hiérarchique qu'avec ses délégataires. Il l'aide à mieux se comprendre lui-même et à repérer ses blocages personnels, qui se manifestent notamment sous forme de rationalisations tendant à justifier ses comportements habituels.

Parce que les choses ne peuvent évoluer que progressivement et que le coaching n'a rien d'une transfusion de « recettes », le cycle se déroule nécessairement sur une période de plusieurs mois. Il demande que le courant passe bien entre le consultant et l'intéressé, afin que celui-ci se sente en totale confiance. De la part du consultant, il nécessite non seulement une grande capacité d'écoute et de compréhension, mais également une volonté affichée de faire progresser son client, de l'accompagner dans son cheminement, de le soutenir, de l'encourager dans ses efforts. Il ne s'agit surtout pas de chercher à le faire ressembler à ce que pourrait être le modèle du manager idéal : ce modèle n'existe pas. Il n'y a pas de type idéal de manager, mais il existe des dirigeants, des cadres, des agents de maîtrise qui, conscients de leur environnement institutionnel, réussissent à conjuguer le mieux possible leurs caractéristiques individuelles — qualités et défauts, points forts et points faibles, dispositions originales — pour se conduire en managers efficaces. Pour le coach, l'important est d'aider son client à trouver son style personnel en développant les capacités potentielles qui lui sont propres.

Notons que ce type de formation et de conseil n'est pas réservé aux cadres dirigeants : elle se montre tout autant profitable aux membres du management intermédiaire et aux managers de proximité.

Chapitre 2

Le coaching centré sur la délégation

Pour illustrer ce qu'est le coaching, nous vous présentons les grandes lignes de notre cycle de perfectionnement à la délégation. Basé sur des exercices réalisés sur Internet et une série d'entretiens, son but est de favoriser la progression du manager tant au plan comportemental (notamment à partir d'un 360°) qu'à celui des attitudes personnelles qui influencent ses comportements. Le travail sur les attitudes s'effectue à partir de questionnaires traités sur Internet et d'entretiens approfondis, dont les principaux se déroulent en situation de face-à-face, d'autres étant traités au téléphone.

Ce cycle est conçu pour faciliter son insertion dans l'agenda du manager, notamment grâce à la souplesse qu'autorise Internet. Dans une optique d'alternance, des thèmes de réflexion et d'application sont recommandés à la fin de chaque entretien. En fonction de la disponibilité de l'intéressé, le cycle complet s'étend sur une période de quatre à six mois, avec des intersessions de trois ou quatre semaines entre les entretiens de base.

Le démarrage du cycle

La phase de lancement comporte un entretien de présentation du cycle et des méthodes utilisées, le traitement du 360° par l'intéressé, un entretien enregistré au magnétophone.

L'entretien de présentation

Il permet au manager de saisir pleinement les objectifs du cycle et de se rendre compte, dans les détails, de son organisation et des méthodes mises en œuvre. C'est également pour lui l'occasion de sentir si le courant a des chances de passer avec la personne du consultant et ce n'est qu'après ce premier tête-à-tête que son engagement dans la formation avec ce consultant sera entériné, ou non.

Traitement du 360° par l'intéressé

Notre 360° comporte trois modules : les comportements personnels de base, les comportements en tant que délégateur, les comportements en tant que délégataire. Dans un premier temps, il est réalisé uniquement par l'intéressé. Après avoir saisi la teneur des différents items et l'intérêt de savoir comment il est perçu par les membres de son entourage immédiat, il donnera son accord, ou non, pour que le 360° soit complété.

Bien sûr, il est préférable que le manager accepte de connaître les perceptions que les membres de son entourage ont de ses comportements. Cela permet de dégager des écarts entre l'impression qu'il pense donner à travers ses comportements et la manière dont ceux-ci sont réellement perçus par autrui. Des pistes de travail apparaissent immédiatement (voir schéma 25).

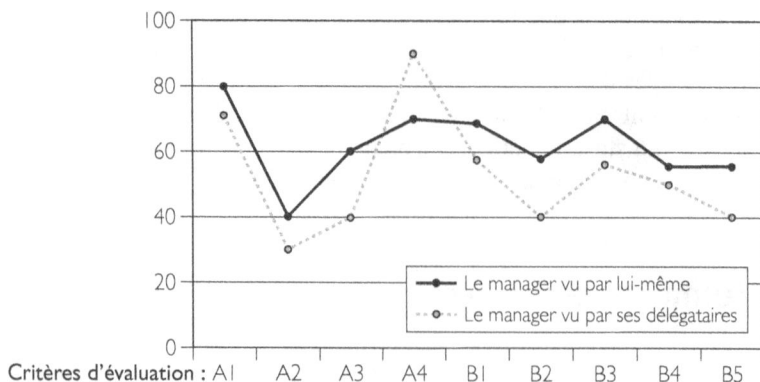

Schéma 25 • Exemple de profil d'un manager selon deux points de vue

© Éditions d'Organisation

Précisons les critères utilisés ici :

Comportements personnels de base	A1 : Souplesse et négociation
	A2 : Communication : émission
	A3 : Communication : réception
	A4 : Comportements face aux difficultés
Comportements de délégateur	B1 : Comportements spontanés de manager
	B2 : Préparation et contrôle de la délégation
	B3 : Connaissance personnelle des délégataires
	B4 : Pratiques de la délégation
	B5 : Entretien de la dynamique engendrée par la délégation

Pour chacun des critères d'évaluation, l'évaluation est la moyenne des réponses données sur plusieurs items par chacun des évaluateurs : par exemple cinq items pour le critère A1 et onze pour le critère B1.

Sur l'exemple du schéma 25, il ressort que le manager a conscience de ses insuffisances en matière de communication, surtout pour émettre des informations (critère A2) ; à la faveur de l'entretien qui suit le 360°, il précisera que c'est quand il doit adresser des reproches à quelqu'un qu'il se sent particulièrement mal à l'aise. De plus, alors qu'il pense écouter assez bien (il s'accorde 60 pour le critère A3), ses délégataires ne lui concèdent que la très mauvaise note de 40 points sur 100 possibles : ce sera donc à travailler dans la suite du cycle. Deux forces ressortent chez ce manager : sa souplesse en situation de négociation et sa capacité à faire face aux difficultés, capacité que ses délégataires notent encore mieux que lui. Voilà deux points d'appui à mettre à profit pour progresser.

Un entretien approfondi en tête-à-tête

Pour amorcer l'entretien en face-à-face qui suit le 360°, le consultant demande au manager de retracer sa carrière. L'anamnèse[1] opérée de cette

---

1. Anamnèse : reconstitution historique effectuée par un individu sur l'un des aspects de son existence personnelle

manière conduit l'intéressé à se remémorer et à revivre les étapes de son développement, en position de délégateur et dans celle de délégataire.

Des questions lui sont ensuite posées sur les représentations qu'il se fait de sa situation actuelle : quelles en sont les caractéristiques, comment les vit-il et de quelle manière les subit-il ou les met-il à profit ? Comment se passent ses relations avec son manager et avec ses délégataires ?

Une première exploitation des résultats du 360° est alors opérée, en effectuant quelques recoupements avec ce qui vient d'être exprimé.

L'entretien se conclut par la définition de thèmes d'auto-observation auxquels s'ajoutent quelques essais de changements comportementaux.

Le manager recevra le compte rendu écrit de l'entretien, pratiquement tel qu'il a été enregistré : grâce à l'effet miroir, sa lecture renforce l'auto-analyse qui, avec l'appui du consultant, constitue la base essentielle de la progression.

Les exercices sur Internet

En complément du 360°, trois séries d'exercices sont traitées *via* Internet. Elles portent successivement sur :

- les attitudes personnelles permanentes, telles que la propension à prendre des risques, la confiance en soi et en autrui, les besoins fondamentaux (sécurité, appartenance, reconnaissance, réalisation) ;

- les perceptions que l'intéressé a de ses collaborateurs et de son manager, ainsi que la manière dont il prend en considération leurs spécificités individuelles ;

- les méthodes et le style de délégation, en particulier l'adaptation de l'amplitude de la délégation (étroite, moyenne ou large) aux personnes et aux circonstances.

Chacune de ces séries ne demande que très peu de temps : un peu plus d'une demi-heure. L'intéressé prend immédiatement connaissance des résultats sur ordinateur, accompagnés de quelques commentaires qui, avant même d'en parler avec son coach, l'incitent à tirer lui-même des conclusions sur le sens des progrès à accomplir.

Des entretiens pour accompagner la progression

Qu'ils se déroulent en tête-à-tête ou au téléphone, les entretiens qui jalonnent le cycle de coaching partent des résultats des exercices sur Internet et des réflexions suscitées par les activités que le coach recommande à son client d'effectuer sur le terrain durant les intersessions.

Voici quelques exemples de ces activités :

• relever l'emploi du temps professionnel et faire l'analyse critique de la répartition entre les activités essentielles de la fonction et les tâches pouvant être déléguées ;

• observer et noter les points forts et positifs de membres de l'entourage professionnel que l'intéressé juge sévèrement (il peut s'agir de subordonnés, mais également de son n + 1) ;

• aller à la rencontre d'un collaborateur pour mieux le connaître afin d'adapter les méthodes de délégation en fonction de sa personnalité, de sa situation et des difficultés qu'il éprouve ;

• repérer et décrire les situations dans lesquelles l'intéressé éprouve des difficultés, par exemple quand il doit adresser des reproches, dire non, faire un compliment, refuser qu'un subordonné lui " refile " une tâche ou l'obliger à prendre ses responsabilités ;

• recadrer certains collaborateurs qui ont l'habitude de sortir de leur délégation ;

• établir une liste de tâches à déléguer à un n – 1 demandeur de délégation, puis mettre en pratique et contrôler.

Le coach détermine les activités qu'il recommande en fonction des problèmes qui apparaissent. Il lui faut également se montrer attentif à ce que son client est prêt à s'entendre dire à un moment donné : dans certains cas, mieux vaut attendre la séance prochaine plutôt que risquer un blocage. Le moment venu, le coach doit alors provoquer et bousculer son client : tout l'art du conseil personnalisé réside dans ce subtil dosage entre adaptation interactive et intervention.

Au fur et à mesure du déroulement du cycle, le poids des exercices décroît au profit du travail à effectuer par l'intéressé sur le terrain, travail sur lequel s'appuie de plus en plus fortement la formation.

La conclusion du cycle

Pour préparer l'entretien de clôture, le manager est invité à résumer par écrit comment il se situe par rapport aux sept règles d'or de la délégation : ce qu'il en tire de positif, les aspects sur lesquels il se sent à l'aise, les écarts qui lui restent à combler pour répondre aux exigences de sa situation propre. Le consultant l'aide alors à définir quelques objectifs personnalisés de progrès.

En matière de délégation comme dans la plupart des domaines, rien n'est jamais acquis définitivement. L'important se trouve dans la dynamique impulsée tout au long du cycle par la formation personnalisée. Ayant acquis des techniques et identifié des objectifs personnalisés, le manager est devenu capable de poursuivre par lui-même sa progression en fonction de sa personnalité et de son environnement institutionnel.

ASG conseil

142, rue Montmartre

75002 Paris

E-mail : cadragogie@asgconseil.fr

Index des schémas

© Éditions d'Organisation

Quelques définitions

Activités à effet de levier : catégorie d'activités assimilables à des investissements, dont les effets se traduisent par des améliorations organisationnelles génératrices de gains de temps. Exemples d'activités à effet de levier : la formation, l'organisation du travail, la délégation.

Analyse transactionnelle : fondée par Éric Berne (1910-1970), elle fournit un ensemble de points de repère caractéristiques des échanges (transactions) entre des personnes, en se référant aux états du Moi : le Parent (l'appris), l'Adulte (le pensé) et l'Enfant (le senti).

Anamnèse : reconstitution historique effectuée par un individu sur l'un des aspects de son existence personnelle.

Attitude psychologique : disposition personnelle, à un niveau non réfléchi, qui s'extériorise plus ou moins consciemment à travers des critères de décision, des jugements, des comportements.

Autonomie : aptitude à prendre des décisions et à agir de manière interactive avec son manager et ses partenaires de l'entreprise pour atteindre des objectifs.

Autoritarisme : tendance à tout décider à la place d'autrui qui peut aller jusqu'à l'expression d'un pouvoir despotique sans aucune limite.

Autorité : droit attribué à un membre de l'entreprise pour diriger une ou plusieurs personnes (autorité hiérarchique) ou faire respecter des règles d'un point de vue particulier (autorité fonctionnelle).

Charisme : type d'autorité qui se caractérise par « le dévouement tout personnel des sujets à la cause d'un homme en tant qu'elle se singularise par des qualités prodigieuses, par l'héroïsme ou d'autres particularités exemplaires qui font le chef » (d'après le sociologue Max Weber).

Coach : consultant qui anime des cycles de conseil personnalisé visant à faire progresser un manager sur l'ensemble de ses activités ou sur l'un de leurs aspects, par exemple la délégation.

Communication : relation interactive établie entre deux personnes pour échanger des informations sur des faits, des opinions, des sentiments.

Compétence : ensemble des savoir-faire effectifs d'une personne par rapport à une activité déterminée.

Comportement : toute manifestation perceptible d'une personne : parole, écrit, geste, mimique, posture corporelle... ou absence de parole ou de mouvement.

Contribution : apport et valeur ajoutée d'un travailleur du quoi à la stratégie de l'entreprise, participation aux buts de l'entreprise.

Contributivité : efficacité des choix de la tâche à accomplir (le quoi) et de la façon de la réaliser (le comment)

Contrôle de gestion : ensemble de techniques dont le but est de fournir des informations à un responsable, pour lui permettre de maîtriser ses actions et celles des membres de son équipe, en se référant à des objectifs prédéfinis.

Décentralisation : délégation de pouvoir et de compétences au sein d'une organisation à une autorité subordonnée.

Délégataire : membre d'un secteur de l'entreprise qui reçoit une délégation de son supérieur hiérarchique (délégateur).

Délégateur : manager qui donne délégation à ses collaborateurs (délégataires).

Délégation : action d'un manager qui consiste à transmettre à un collaborateur une partie de son pouvoir, accompagnée des moyens correspondants.

Délégation différenciée : mode de délégation qui tient compte des compétences du délégataire et des circonstances pour lui attribuer une aire plus ou moins étendue d'autonomie.

Direction : fonction ayant pour raison d'être d'orienter (essentiellement à long et moyen terme) l'ensemble des activités d'une organisation.

Directivité : aptitude à définir des buts (à long, moyen ou court terme), à s'y tenir et à orienter vers eux ses propres actions et celles de ses collaborateurs.

Dynamique de groupe : ensemble des relations et des interactions qui se développent dans un petit groupe de personnes liées par un but commun et qui communiquent entre elles.

Écoute active (ou empathie) : aptitude de celui qui communique à faire preuve d'une compréhension inconditionnelle d'autrui, en s'efforçant de saisir ce que celui-ci éprouve dans son monde intérieur (d'après Carl R. Rogers).

Enrichissement des tâches : regroupement sur un poste de travail d'activités afin d'accroître l'intérêt au travail.

Entretien d'évaluation-évolution : moment privilégié des relations entre un manager et son collaborateur pour mettre celui-ci en situation d'auto-analyse de ses activités écoulées et préparer avec lui les orientations générales et les objectifs des périodes à venir.

Feed-back : retour d'information vers l'émetteur d'un message, qui lui permet d'évaluer la façon dont celui-ci a été perçu par le destinataire.

Gestion : mise en œuvre des ressources allouées à un responsable, en vue d'atteindre des objectifs déterminés préalablement au niveau de la direction, dans le cadre d'une stratégie à long et moyen terme.

Groupe de projet : groupe d'étude multidisciplinaire impliquant plusieurs fonctions de l'entreprise, dans le dessein de développer un produit, une organisation, un système d'information.

Hiérarchie : caractéristique d'une organisation faisant en sorte que chacun se trouve dans une série ascendante de pouvoirs.

Information : relation unilatérale entre un émetteur et un ou plusieurs destinataires dans le dessein de transmettre un message.

Interaction : action réciproque de deux éléments l'un sur l'autre.

Leader : membre d'un groupe qui est particulièrement influent dans le choix des objectifs et des modes de fonctionnement.

Leadership : aptitude personnelle à se comporter en leader.

Management : méthode générale de direction et d'encadrement, qui a pour rôle de définir des finalités à une organisation humaine, de la doter de moyens et de méthodes, d'insuffler et de maîtriser la dynamique organisationnelle, pour réaliser les activités voulues dans des conditions optimales de productivité et de qualité, tout en respectant un ensemble de valeurs.

Méthode : ensemble de démarches raisonnées, déployées avec continuité, souplesse et intelligence, pour atteindre un but prédéfini.

Motivation : ensemble des dispositions, des raisons plus ou moins conscientes, des motifs d'action qui poussent une personne à agir (ou ne pas agir) dans un sens donné.

Objectif : résultat visé, qui est l'expression d'une volonté ferme de réalisation dans un délai déterminé, après avoir examiné les différentes possibilités d'action dans la phase préliminaire de prévision.

Organigramme de structure : représentation des relations hiérarchiques entre les éléments d'une organisation : directions, services, individus.

Organisation : agencement orienté et méthodique des moyens et des personnes qui concourent aux activités et aux buts d'une entité : entreprise, association, organisme administratif, etc.

One best way **:** doctrine d'organisation du travail selon laquelle il n'existerait qu'une seule « meilleure méthode possible » pour effectuer un travail donné.

Politique : principes directeurs et valeurs, stables sur le long terme, qui orientent et éclairent les grandes décisions de l'entreprise et qui constituent un cadre permanent de référence.

Pouvoir : capacité que possède une personne de faire agir dans un sens donné une autre personne ou un groupe d'individus.

Prévision : exploration de l'avenir, à court, moyen ou long terme, permettant de discerner ou d'exprimer ce qui est possible ou souhaitable. La phase de prévision précède et prépare celle de définition des objectifs.

Procédure : somme de règles qui doivent être strictement observées et d'actes à accomplir pour effectuer une tâche prédéterminée.

Productivité : aptitude à produire (des produits matériels, des prestations) qui s'exprime par le rapport production réalisée/moyens mis en œuvre.

Qualité : ensemble des propriétés et des caractéristiques d'un produit ou d'une prestation, qui lui confère l'aptitude à satisfaire les besoins de ses utilisateurs.

Ratio : rapport entre deux éléments chiffrés (en valeur ou en quantité) qui s'applique à des aspects structurels ou à des activités économiques ou financières de l'entreprise.

Stratégie : démarche de direction qui, par référence aux valeurs politiques de niveau supérieur, oriente puis conduit les actes majeurs de l'entreprise sur un horizon à long et moyen terme.

Synergie : synthèse des énergies, des compétences et des efforts permettant à plusieurs éléments d'obtenir un résultat d'ensemble supérieur à ce que serait la somme de leurs résultats individuels.

Tableau de bord : ensemble d'informations sélectionnées et présentées de manière synthétique, afin d'éclairer les décisions d'un responsable et de lui en faire connaître le plus rapidement possible les résultats essentiels.

Travailleur du quoi : celui qui à la possibilité et la responsabilité de choisir ce qu'il doit faire (le quoi) et la façon de le faire (le comment).

© Éditions d'Organisation

Bibliographie

Chantal HIGY et Charles GELLMAN, *Le coaching*, Éditions d'Organisation, Paris, 2001.

Alain CARDON, Vincent LENHARDT, Pierre NICOLAS, *L'analyse transactionnelle, outil de communication et d'évolution,* Éditions d'Organisation, Paris, 1983.

Nicole AUBERT (sous la direction de), *Diriger et motiver, secrets et pratiques*, Éditions d'organisation, Paris, 2e édition 2002.

Roger MOYSON, *Gérer son temps et son stress, pour un nouvel humanisme*, de Boeck Université, Paris, 1998.

Claude LÉVY-LEBOYER, *Le 360° Outil de développement personnel*, Éditions d'Organisation, Paris, 2000.